오늘은 국수 먹고 싶은 날.
면덕후도 감동할
맛있는 한 그릇을 만들어볼까요?

레시피팩토리는 행복 레시피를
만드는 감성 공작소입니다.
레시피팩토리는 모호함으로 가득한
세상 속에서 당신의 작은 행복을 위한
간결한 레시피가 되겠습니다.

오늘부터
우리 집은 국수 맛집

Prologue

우리 집에도 면덕후가 삽니다

국수를 좋아하는 스타일리스트의 두 아들, 이태오 이필립

그렇다면 국수 어때?
옆에 끼고 자주 활용할 국수 요리책이 필요하다고 느낀 건
사실 남편 때문이었습니다. 입맛이 없을 때도, 특별한 것이
먹고 싶을 때도, 냉장고에 별다른 재료가 없을 때도
그는 아랑곳하지 않고 "그렇다면 국수 어때?" 라고
말하거든요. 가끔 제 눈치를 보며 국수 앞에 '간단하게'나
'대충'이라는 수식어를 붙이지만, 솔직히 국수는
그리 만만한 음식이 아니랍니다. 식감 좋게 면 삶는 것부터
깊은 맛의 밑국물 내기, 입에 착 붙는 비빔장 만들기,
어울리는 부재료 고르기까지 한 끗 다르게 만들고자
한다면 깨알 노하우가 제법 필요하지요. 그러니까 똑같은
멸치국수나 냉면을 팔아도 미묘한 차이로 인해
어떤 집은 줄 서서 먹는 대박집이 되는 것 아닐까요?

수퍼레시피 라이브러리 첫 호, 국수로 끊다
12년간 꾸준히 발행되었던 요리잡지 〈수퍼레시피〉가
더 큰 소장가치를 담기 위해 하나의 주제를 깊이 있게
다루는 요리책 시리즈 '수퍼레시피 라이브러리'로 전환을
하게 되었습니다. 의미가 남다른 첫 호의 주제로
저희는 '국수'를 결정했습니다. 그간 잡지에서 크고 작은
칼럼으로 다룬 적이 있지만, 지면 관계상 늘 부족함을
느꼈거든요. 이제 한 권 전체를 국수 이야기로 채울 수
있으니, 앞서 이야기한 깨알 노하우는 물론 고전처럼
오랫동안 사랑받아온 기본 국수, 두루두루 회자되는
트렌디한 유행 국수까지 싹 다룰 수 있겠구나 싶었습니다.
그래서 이 책이 국수 먹고 싶은 날, 어김없이 펼쳐보는
요리책이 될 수 있다면 그것이 저희가 진정으로
독자님들에게 전하고픈 요리책의 소장가치일 겁니다.

어느 집에나 면덕후는 있다
이번 책을 준비하면서 '순도 높은 면덕후 독자 기획단'을 모집해 여러 가지 의견을 들었습니다. 한 가지 재미있는 건 가족 중에 면덕후가 한 명쯤은 꼭 있다는 겁니다. 저희 남편처럼요. 기획단에 참여한 독자님이 면덕후인 경우도 있지만, 면덕후 가족 때문에 국수를 자주 먹다보니 좋아하게 되었다는 분들도 많았어요. 제 경우와 비슷하지요. 요즘 유행어를 빌리자면 평범한 '머글'에서 마니아 '덕후'로 가는 중간쯤에 있다고나 할까요?

우리 집에 딱 필요한 국수요리책
국수를 좋아하는 가족이 있는 집에 딱 좋은 요리책을 만들기 위해, 저희는 한국인이 가장 즐겨 먹는 국수부터 조사했습니다. 자주 먹기 때문에 더 맛있게 만들고 싶은 기본 국수 레시피는 특히 더 신경써서 상세히 소개했어요. 기본 국수만 제대로 안다면, 다양하게 응용해 무궁무진하게 국수를 만들 수 있지요. 책에는 몇 가지 응용만 실었으니, 진정한 버라이어티는 독자님들께서 직접 만드시기 바랍니다. 이것만 다룬다면 조금 서운하지요? 면덕후 독자 기획단의 의견을 반영해 국수 맛집 20곳을 골라 그 집의 대표 국수도 가정식으로 재현해 소개했답니다. 어렵지 않은 재료, 복잡하지 않은 조리법이 되도록 테스트를 거듭하며 레시피를 만든 수퍼레시피 테스트쿡들에게 박수를 보냅니다.

이제부터 우리 집이 국수 맛집
기본부터 응용, 맛집 국수까지 책 속 국수를 하나씩 따라 하다보면, 장담하건데 국수 맛집 못지 않은 우리 집만의 스페셜 국수를 만들게 될 거예요. 복잡하고 어렵게 느껴졌던 국수들도 만만해질 거고요. 이제 맛집 앞에서 긴 시간 줄 서서 기다릴 필요 없어요. 비슷비슷한 맛의 가공 제품과도 조금 거리를 두세요. 이제부터 우리 집이 국수 맛집이 될테니까요!

편집주간 박성주

Contents

002 **Prologue**
우리 집에도 면덕후가 삽니다

152 **Index**
원하는 메뉴 빨리 찾기
(ㄱㄴㄷ별, 면종류별, 조리법별)

Noodle Basics
알아두면 쓸모 많은
국수 상식부터 정보까지

009 국수 따라 국수 이야기
016 실패 없는 국수 삶기 공식
022 국수가 좀 더 맛있어지는 한끗 차이
024 도전 1_ 생면 만들기
026 도전 2_ 면 예쁘게 담기
028 국수의 1인분 눈대중량
029 실패 없는 요리를 위한 쿠킹 가이드

🌶 살짝 매운맛 🌶🌶 매운맛 🌶🌶🌶 얼얼하게 매운맛
🟠 재료도 간단하고 조리시간도 길지 않은 쉬운 국수
🟢 아이들도 좋아할 만한 순한 맛의 국수

Chapter 1 / 기본 국수 15개 + 응용 국수 30개 /

기본을 알면
국수가 무궁무진해진다

기본

- 032 잔치국수
- 040 간장 비빔면(골동면) ●●
- 046 고추장 비빔면 🌶
- 050 김치말이국수 🌶
- 054 바지락 칼국수 ●
- 060 닭칼국수 ●
- 068 가쓰오우동
- 072 해물 야끼우동
- 078 물냉면
- 084 비빔냉면 🌶
- 090 막국수 🌶●
- 092 콩국수 ●
- 097 팥칼국수 ●
- 098 짜장면 ●
- 102 짬뽕 🌶

응용

- 033 두부국수 ●●
- 033 달걀 어묵국수 ●●
- 042 깨간장 토마토비빔면 ●●
- 043 양배추 비빔면 ●●
- 044 참외 비빔면 ●●
- 045 참나물 차돌국수
- 047 김치 비빔면 🌶
- 047 골뱅이 콩나물 비빔면 🌶
- 051 두부 김치말이국수 🌶
- 051 열무김치말이국수 🌶
- 055 바지락 칼국수에 어울리는 채소들
- 058 미역 바지락 칼국수 ●
- 062 김치 감자 닭칼국수 🌶
- 064 숙주 닭다리칼국수
- 070 우동 맛을 다양하게 해주는 8가지 토핑
- 071 꽃새우우동
- 074 매콤 상하이 야끼우동 🌶
- 076 닭고기 버섯카레 야끼우동 ●
- 079 매콤한 물냉면 🌶
- 079 중화풍 냉면
- 082 온면 ●
- 085 회냉면 🌶
- 085 황태무침 냉면 🌶
- 090 물비빔 막국수 🌶
- 090 닭무침 쟁반막국수 🌶
- 093 잣 콩국수
- 093 흑임자 검은콩국수
- 096 땅콩 두부국수 ●●
- 098 사천식 해물 간짜장 🌶
- 102 나가사키 짬뽕

활용하세요!

- 034 국물국수에 활용하기 좋은 3가지 밑국물
- 038 국물국수를 더 맛있게 해주는 6가지 양념장
- 066 닭칼국수를 더 맛있게 해주는 2가지 곁들임 메뉴
- 088 비빔국수에 활용하기 좋은 2가지 절임
- 089 육수 내고 남은 고기로 만든 2가지 무침

부록 1

- 106 이 책 속의 양념 & 국물 총정리

Chapter 2 / 맛집 국수 20개 /

소문난 맛집의 그 국수, 집에서 만들어볼까?

면덕후라면 손꼽는 칼국수 맛집의 대결
110 서울식 만두 칼국수
111 전주식 들깨 달걀 칼국수 ●

한 끗 다른 이색 칼국수 삼총사
116 불닭 칼비빔 🌶🌶🌶
116 김치 비빔 칼국수 🌶🌶 ●
117 육개장 칼국수 🌶🌶

그 시장에 가면 놓치지 말아야 할 국수
121 부산 비빔당면 🌶

더위를 싹 날려줄 시원한 물국수
122 오이 물국수 🌶 ●
124 초계 냉면

요즘 핫한 인기 국수 4총사
126 토마토 냉소바 ●
128 바질 비빔소바
130 마제 소바
132 탄탄 비빔면 🌶

색다른 우동을 원한다면?
134 국물 냉우동 ●
135 쇠고기 카레우동

방송 보고 꽂힌 그 맛집 국수
139 들기름 막국수 ● ●

이국적인 국수, 집에서 즐기기
140 태국식 쇠고기 쌀국수
141 마라국수 🌶🌶🌶
141 미고랭

사골국물로 맛을 낸 구수한 지역 국수
146 제주도 고기국수 ●
146 안동국시 ●

활용하세요!
113 칼국수와 환상 궁합, 매콤한 겉절이
118 집에서 만드는 고추기름
129 실패 없이 만드는 온천 달걀(온센타마고)
149 전자레인지로 간편하게 만드는 깻잎절임

부록 2
150 오리지널 맛을 찾아서! 국수 맛집 20곳

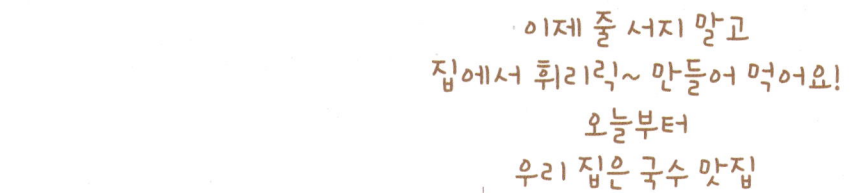

이제 줄 서지 말고
집에서 휘리릭~ 만들어 먹어요!
오늘부터
우리 집은 국수 맛집

Noodle Basics

알아두면 쓸모 많은 국수 상식부터 정보까지

마트에 가면 참 많은 종류의 국수를 만날 수 있습니다.
소면, 칼국수, 우동, 냉면, 쫄면, 라면, 중화면, 에그누들, 쌀국수, 곤약면 등.
모양도, 주재료도, 익히는 방법도 비슷한 듯 조금씩 다른 이들 국수에 대해
싹 정리했습니다. 국수요리를 하기에 앞서 상식도 풍부하게 하고
실력도 업그레이드시켜줄 기본 레슨, 지금부터 시작합니다.

국수 따라
국수 이야기

'국수(면 麵, 누들 Noodle)'는 밀, 메밀, 쌀, 감자 등과 같은 곡물의 가루를
반죽해 가늘게 만든 것을 말해요. 이것을 국물에 말거나, 양념에 비비거나,
불에 볶아 먹는 음식을 총칭하기도 하지요. 국수는 뽑는 방법에 따라
크게 4가지로 분류해요. 가공법에 따른 분류법은 18쪽을 참고하세요.

납면(拉麵) ———
반죽을 손으로 두드리고 늘이기를 반복하면서
면의 가닥수와 가늘기를 조절해 뽑은 면이에요. '수타(手打)'라고도 부르지요.
중국 대부분의 국수와 일본의 라멘이 납면을 사용해요.

압면(押麵) ———
구멍이 뚫린 틀에 반죽을 넣고 강한 압력으로 밀어 국수 가닥을
뽑아서 만들어요. 찰기가 적은 메밀, 쌀, 옥수수로 만든 국수를 뽑을 때
주로 사용한답니다. 냉면과 스파게티가 대표적이에요.

절면(切麵) ———
반죽을 밀대로 밀어 얇게 만든 후 칼로 썰어 만드는 면을 말해요.
한국의 칼국수, 일본의 우동과 소바가 여기에 해당되지요.

소면(素麵) ———
밀가루 반죽을 막대기에 감아 당겨 늘이면서 가늘게 만든 면이에요.
막대기에 감아 늘이는 횟수에 따라 가늘기가 결정된답니다.
한국과 일본의 소면이 해당돼요.

소면

*** 이름을 오해하고 있 '소(小)'**
가정에서 잔치국수나 비빔국수를 만들 때 주로 사용해 '국수면'이라고도 불려요. 소면의 '소'자를 '小(작을 소)'로 생각하는 이들이 많은데, 실제 '색이 희다'라는 뜻의 '素(흴 소)'를 사용해요. 한자에서 알 수 있듯이 국수의 굵기를 나타내는 단어가 아니지요. 소면은 일본에서 개발된 면으로 일본에서는 한자 뜻대로 '꾸미지 않는 국수'를 의미해요. 그래서 일본식 소면은 쯔유(일본식 맛간장)에 적셔 먹거나 채소와 함께 간단하게 먹는답니다.

*** 정성으로 만들었 '수(手)'**
소면은 제면법에 따라 '기계제면 소면'과 손으로 만드는 '수연소면'으로 나눠요. 수연소면의 '수연(手延)'은 손으로 늘였다는 뜻이에요. 면을 일일이 꽈배기처럼 꼬고 늘이는 과정을 반복하는데 이때 탄력이 더 좋아지고 특유의 식감이 생기지요. 기계제면 소면과 비교해 시간과 비용이 많이 드는 편이고 사람 손으로 일일이 까다롭게 만들기 때문에 가격이 3~5배 비싼 편이랍니다.

 ## 칼국수면

*** 한때는 귀족들의 면이었다**
칼국수는 지금이야 마트에서 쉽게 구할 수 있는 대중적인 면이지만, 밀 농사를 짓지 않고 밀가루를 수입하지 않았던 과거에는 귀했답니다. 서울 양반집에서조차 중요한 손님이 왔을 때나 먹을 수 있을 정도로 귀했다고 해요. 일제강점기와 한국전쟁 이후 일본과 미국에서 밀을 수입하기 시작하면서 일반인도 만들어 먹는 대중적인 면이 되었지요.

*** 굵게만 먹는 면이 아니다**
칼국수는 밀가루 반죽을 칼로 보기 좋고, 먹기 좋게 썰어 만든 면이라는 의미예요. 시중에서는 반죽을 두껍게 해서 만든 면을 주로 사용하지만, 반죽을 얇게 해서 반대편이 비춰 보일 정도로 하늘하늘하게 만드는 경우도 있습니다. 면 굵기는 국물 종류나 지역에 따라 다르게 사용하기도 해요. 그러나 엄격하게 구분하지는 않지요. 일반적으로 해물로 맛을 내는 남도식 칼국수는 두꺼운 면을 쓰고, 사골국물이나 닭육수로 맛을 내는 경기도식 칼국수는 얇은 면을 쓰는 편이에요.

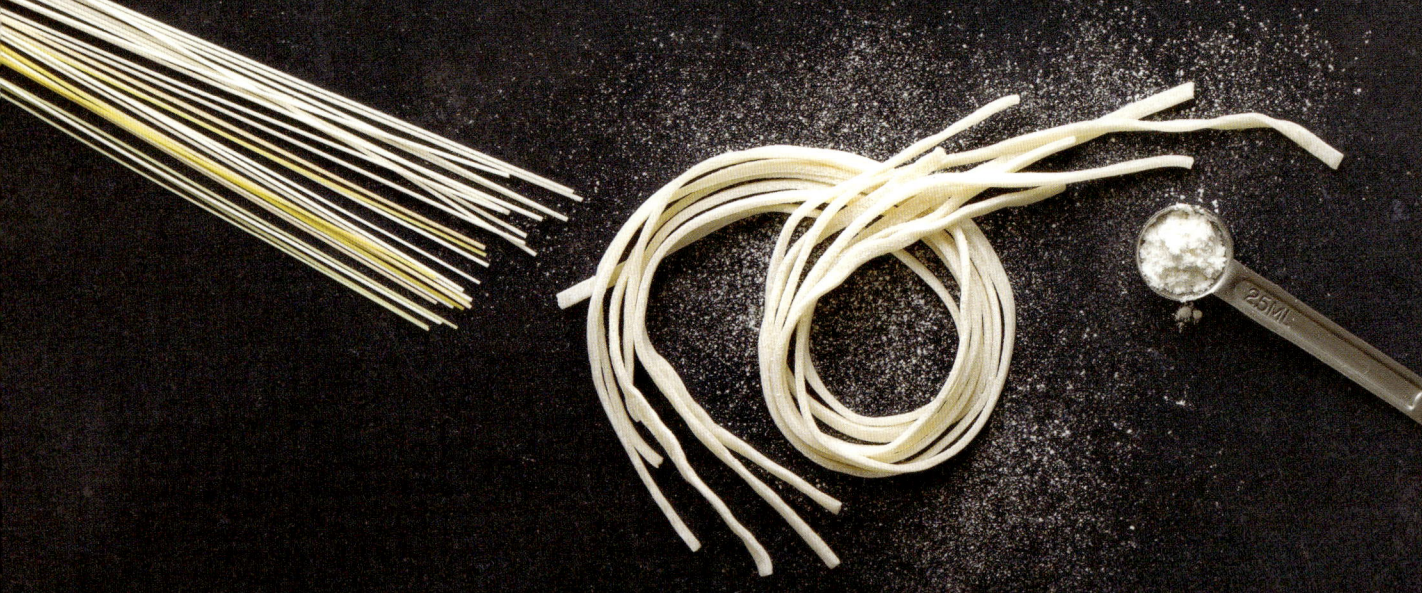

*** 건소면 vs 생소면**
면을 뽑은 이후에 밀가루를 뿌려서 진공 포장하면 '생소면'이 되고, 건조해서 마른 상태로 저장하면 '건소면'이 되지요. 두 소면은 수분 정도가 달라서 면 굵기와 식감도 달라요. 생소면의 경우, 건소면보다 두껍고 칼국수보다 얇아요. 요리해서 먹으면 건소면보다 식감도 찰지고 쫄깃하지요.

*** 걸쭉한 맛의 비밀**
면을 따로 데쳐 국물을 부어 먹는 국수와 달리, 칼국수는 국물에 바로 넣고 끓여요. 그래서 면에 묻어있는 밀가루 때문에 국물이 걸쭉하지요. 찰기도 적은 편이고요. 칼국수를 영어로 '누들 수프(Noodle soup)'라고 부르는데 그 이유도 걸쭉한 국물 때문이에요. 좀 더 맑은 국물을 원한다면 가루를 충분히 털고

우동면

* **소면과 우동면, 어떻게 분류할까?**

한국 역시 면마다 추천하는 용도가 있지만 크게 구애받지 않고 좀 더 자유롭게 활용하지요. 반면 일본은 면 굵기별로 용도를 정해 놓고 엄격하게 지키는 편이랍니다. 제면법에 차이가 있지만, 일본에서는 밀가루를 반죽해 기계제면을 한 면은 굵기에 따라 소면, 중면(냉국수용 면), 우동면으로 분류해요. 일본농림규격(JAS)에 따르면, 면 굵기가 1.3mm 이하로 가는 면은 소면, 1.3~1.7mm까지는 중면, 1.7mm 이상의 굵은 면은 우동면으로 분류하지요.

 ## 라면

* **라멘 이전에 라미엔이 존재했다**

라면의 역사는 일본에서 시작된 것으로 알고 있지만 사실 중국의 '라미엔(拉麵)'이 원조예요. 중국의 라미엔은 면발을 손으로 길게 잡아 늘여서 가늘게 뽑은 수타면을 말해요. 이렇게 뽑은 면을 양념에 비벼서 '반미엔(拌麵)'으로 먹거나 국물에 말아서 '탕미엔(湯麵)'으로 먹는답니다. 일본 라멘은 중국의 탕미엔에서 시작된 것이지요. 일본에서는 중국어를 그대로 차용해 '라멘'이라고 불렀어요. 중국 라미엔의 수타 방식대로 일본 라멘도 생면을 뽑아서 만들어요. 이후에 간편식으로 면을 기름에 튀긴 인스턴트 라멘이 등장했지요. 한국의 라면은 일본의 인스턴트 라멘에서 유래한 거랍니다.

* **일본식 전통 제면법 '수타와 족타'**

우동의 본고장인 일본은 지역별로 자존심 대결이 대단합니다. 국물 맛을 강조하는 한국식 우동과 달리, 일본식 우동은 면발을 중요하게 생각해요. 일본 전통 제면법에는 반죽을 손으로 치대는 '수타(手打)'와 발로 밟는 '족타(足打)'가 있어요. 두 제면법 모두 반죽에 상당한 압력을 가하는 방법으로, 오랜 시간 손으로 치대고 발로 밟아 반죽에 스며든 공기를 빼낸답니다. 공기가 잘 빠진 면은 삶을 때 물 아래로 푹 가라앉아요. 수타와 족타로 제면한 우동면은 반죽 사이의 공기층을 모두 빼내기 때문에 밀도가 높아 식감이 탱탱하지요. 반대로 반죽에 공기가 많이 들어간 면은 물 위로 쉽게 떠오르고, 삶으면 빨리 불을 뿐만 아니라 씹었을 때 뚝뚝 끊어진답니다.

* **유탕면 vs 비유탕면**

라면은 크게 기름에 튀긴 유탕면과 튀기지 않은 비유탕면이 있어요. 비유탕면에는 열풍으로 자연 건조한 건면과 유기산으로 살균한 생면이 있습니다.

* **라면은 왜 꼬불꼬불할까?**

면이 꼬불꼬불하면 포장지 안에 많은 양을 담을 수 있고, 면발 부서짐도 예방할 수 있기 때문이에요. 라면 한 봉지에는 100여 가닥의 면발이 들어간답니다. 한 가닥의 길이는 40cm 정도인데, 100여 가닥의 면을 한 줄로 이으면 무려 40m로 아파트 13층 정도의 높이와 비슷해요. 또한 면이 꼬불꼬불하면 수분 침투가 잘 되어 빠르게 익고 면끼리 달라붙지 않아요. 직선인 면보다 수프의 맛이 골고루 배고 젓가락을 사용해 집어 들기도 편하지요.

냉면

*** 겨울에만 먹을 수 있었다**

냉면은 북부지역에서 처음 먹기 시작했어요. 북부지역은 메밀을 많이 생산하다 보니, 메밀가루에 녹말을 섞어 반죽한 것이 냉면의 시초가 되었답니다. 6·25전쟁 이후 월남민에 의해 전국으로 퍼지면서 지역별로 면 반죽 재료를 다르게 해서 뽑게 되었어요. 냉장고가 없었던 과거에는 냉면을 겨울에만 먹을 수 있었답니다. 면을 시원한 겨울 동치미 국물에 말아 먹었는데, 이것이 오늘날 물냉면이 되었지요.

 ## 메밀면

*** 메밀가루 함량으로 찰기가 결정된다**

메밀가루는 밀가루에 비해 찰기가 부족해서 면으로 뽑기 어려워요. 그래서 메밀가루에 밀가루를 섞어 찰기가 생긴 반죽으로 면을 뽑는답니다. 메밀면은 메밀가루 함량에 따라 식감이 달라져요. 함량이 적을수록 면발이 단단하고 쫄깃하지요. 한국식 메밀면의 경우 메밀가루와 밀가루의 비율이 3 : 7로 밀가루 함량이 더 많아요. 그래서 뚝뚝 끊기지 않아 먹기 편하지요.
반면에 일본식 메밀면은 메밀가루와 밀가루의 비율이 7 : 3으로 메밀가루 함량이 많아요. 완전히 메밀가루로만 반죽한 순메밀면도 있는데, 젓가락으로 집으면 뚝뚝 끊길 정도로 찰기가 없어서 숟가락으로 떠 먹어야 하지요. 메밀가루 함량이 많을수록 질 좋은 면이라고 단정할 수는 없어요. 나라마다, 개인마다 선호하는 식감이 다를 뿐이랍니다.

*** 평양냉면 vs 함흥냉면**

평양냉면은 메밀가루와 녹말을 섞은 반죽으로 면을 뽑아요. 일제강점기 때 일본 소바 문화의 영향을 받아서 물냉면으로 발달했지요. 함흥냉면은 감자녹말을 활용해 면을 뽑아요. 함경도 일대에서 수확한 감자는 질이 좋아 녹말로 만들어 면을 반죽할 때 함께 넣는 거랍니다. 메밀가루를 주원료로 한 평양냉면과 다르게 함흥냉면은 면발이 질겨서 비빔냉면으로 먹기 좋아요. 추가적으로 칡냉면은 지리산에서 채취한 칡전분으로 만들어요. 칡의 독특한 향과 구수함이 특징이랍니다.

*** 흰색 면 vs 갈색 면**

메밀은 다른 곡식들과 마찬가지로 흰색이거나 옅은 베이지색이에요. 그러나 '메밀면'하면 거뭇거뭇한 면을 연상하는 경우가 많고, 이러한 고정관념 때문에 메밀면 색이 옅으면 의심하지요. 메밀면이 갈색을 띠는 이유는 메밀을 볶아서 사용하기 때문이에요. 메밀을 볶으면 메밀의 풍미가 살아나는데 이는 커피를 로스팅하는 것과 같은 원리랍니다. 볶은 정도에 따라서 색의 옅고 짙음에 차이가 생기는 거예요.

*** 여름 별미? 겨울에 제일 맛있다**

메밀 수확시기는 10월 이후로, 메밀의 향이 가장 적을 시기는 사실 여름이에요. 일본에서는 "여름 메밀은 개도 안 먹는다"라는 말이 있을 정도랍니다. 그래서 메밀 애호가들은 여름에는 메밀 음식을 피한다고 해요. 평양냉면이 겨울 별미로 알려진 것도 이러한 이유 때문이기도 하지요.

당면

* **잡채 속 당면, 한국 출신이 아니다**
당면은 한국의 전통 음식인 잡채에 넣는 익숙한 국수예요. 당면이 빠진 잡채는 상상하기 어렵지요. 그래서인지 당면도 한국 고유의 면으로 생각하게 된답니다. 그러나 당면은 중국 당나라에서 들어와 '당(唐)'면이라고 불리는 거예요. 오늘날 당면이 들어간 잡채는 한국과 중국의 콜라보레이션 음식이라고 할 수 있지요. 중국 당면은 주로 녹두 전분으로 만들지만 한국은 고구마 전분으로 만드는 차이가 있어요.

쫄면

* **쫄면이 질긴 이유**
고무줄처럼 질긴 맛에 먹는 쫄면. 이 식감의 비결은 제조 과정에 있어요. 반죽 단계에서 가열 정도와 면을 뽑을 때 압력 강도에 따라 쫄깃한 정도가 달라지는 것이지요. 떡을 만드는 과정에 비유하면, 쫄면은 가래떡과 같은 방법으로 만들어져요. 반죽을 130~150℃의 뜨거운 열에 익히면 밀가루와 전분이 차지고 끈끈해져요. 이러한 반죽을 강한 압력으로 눌러 면을 뽑으면 조밀해져 질긴 식감이 되는 거랍니다.

* **식탁에서 조연으로 열연 중**
쫄면은 새콤달콤한 고추장 양념에 비벼 먹는 것보다 다른 음식에 더해 먹는 경우가 많아요. 떡볶이, 골뱅이무침, 아귀찜, 닭갈비, 감자탕에 쫄면이 빠지면 아쉽지요. 라면사리와 비슷하게 음식의 완성도를 높이는 부재료 역할을 톡톡히 하는 국수랍니다.

* **매끈, 탱글! 밀가루 면과는 다른 매력**
당면은 밀가루로 만든 면에 비해 매끄러워서 금세 목으로 후루룩 넘어가는 특징이 있어요. 더불어 양념이 잘 배고 맛과 향이 거의 느껴지지 않는 편이에요. 그래서 만두나 순대 등에 썰어 넣어서 탱글탱글한 식감을 살리는 재료로 쓰인답니다. 최근에는 일반 당면보다 면적이 넓은 '납작당면' 사용이 늘고 있어요. 납작해서 일반 당면보다 양념이 잘 배고 쫄깃한 장점이 있지요.

쌀국수면

* **쌀국수면을 만들 수 있는 쌀은 따로 있다**
  쌀을 주식으로 먹는 베트남에서 쌀가루로 면을 만든 것이 지금의 쌀국수면(이하 쌀면)이에요. 한국도 쌀이 주식인데 쌀면이 발달하지 않은 이유는 농사짓는 쌀의 품종이 다르기 때문이랍니다. 쌀면을 만들 때 사용하는 쌀인 '안남미'는 입김으로 후~ 불면 밥알이 날아갈 정도로 찰기가 없어요. 그래서 밀가루와 반죽해서 면을 만들면 특유의 부들부들한 면이 되지요. 반면 한국에서 농사짓는 쌀은 찰기가 있는 편이라 면을 만들기에 적합하지 않아요.

* **베트남 쌀면 종류**
  베트남에서 쌀면은 굵기에 따라 크게 3가지로 분류해요. 얇은 면인 '분(Bun, 또는 번)'은 둥근 모양으로 한국의 소면과 비슷하답니다. 중간 면인 '퍼(Pho, 또는 포)'는 한국과 베트남에서 가장 대중적으로 사용하는 납작한 모양의 면으로 주로 국물 면요리에 사용해요. 굵은 면인 '반퍼(Banh pho)'는 볶음 면요리에 사용해요. 베트남 면요리 이름은 '면 굵기 + 재료'로 짓는 특징이 있어요. 예를 들어, 요리 이름이 '퍼보(Pho bo)'면 '중간 굵기의 면을 사용한 쇠고기 국수'라고 해석하면 된답니다.

 중화면과 에그누들

* **장인정신으로 가닥가닥 뽑는 다양한 중화면**
중국은 넓은 대륙만큼이나 지역별로 전통 면이 다양해요.
그 중 대표적으로 수타면, 도삭면, 용수면이 유명하지요.
'수타면(手打麵)'은 손으로 늘이고 테이블 위에 쳐가며
길게 뽑은 면을 말한답니다. '손짜장'처럼 음식 앞에
'손'이 붙으면 수타면을 사용한 거예요.
'도삭면(刀削麵)'은 럭비공처럼 덩어리진 밀가루 반죽을 칼로
스치듯이 베어서 만든 면이에요. 반죽을 끓는 육수에 바로 썰어
넣는 것이 특징이지요. 한국의 칼국수보다 두꺼운 편이에요.
'용수면(龍鬚麵)'은 수타면을 실처럼 매우 가늘게 뽑은 면이에요.
용의 수염처럼 가늘다고 해서 붙여진 이름이지요.

* **이색적인 에그누들**
홍콩의 완탕면에 사용하는 면으로 알려진
'에그누들(Egg noodle)'은 중국에서 처음 개발되었답니다.
이름에서 알 수 있듯이 반죽을 할 때 달걀물을 사용해요.
중국에서는 달걀 대신 오리알을 사용하기도 하는데
오리알은 달걀보다 노른자 색이 더 짙고 흰자에 탄력이 있어요.
에그누들의 덜 익은 것처럼 꼬들꼬들한 식감은 오리알로 반죽해서
생긴 특징이랍니다. 밀가루, 달걀, 소금을 넣고 만든다는 점에서
이탈리아의 생파스타 반죽과 거의 비슷해요. 현재 국내에서는
건면만 구할 수 있고, 생면은 유통되지 않아요.

 곤약면과 채소면

* **수분이 97%인 다이어터들의 국수, 곤약면(실곤약)**
구약나물의 땅 속 줄기로 만든 곤약. 사람의 소화 효소로는
소화되지 않는 '글루코만난(Glucomannan)'이라는 식이섬유가
풍부해 열량은 낮지만 포만감을 주고 장 운동도 활발하게 해요.
수분이 97%나 되는 다이어트 식품인 곤약을 면처럼 가늘고
길게 만든 것이 곤약면인데요, 특유의 냄새가 있으니 끓는 물에
식초 한두 방울을 넣고 1분 정도만 데쳐서 쓰세요.

* **예쁘고 가벼워서 인기 만점, 채소면**
밀가루 음식을 자제해야 하거나, 다이어트 중인 면덕후들이
주목하는 채소면은 사실 국수라기보다 단단한 채소를
얇게 썰거나 깎아 면처럼 만든 것이에요.
주방용품인 '스파이럴라이저(Spiralizer)'는 채소를 국수처럼
얇게 써는 기계지요. 감자, 당근, 오이, 애호박 등의 채소를
칼날에 꽂아 돌리면 채소면을 뽑을 수 있어요. 제품마다 다르지만
면의 두께까지도 조절할 수 있답니다. 채소 특유의 아삭한 식감,
알록달록한 색감, 구불구불한 볼륨감 때문에 음식을
장식할 때도 유용하게 사용되지요.

실패 없는
국수 삶기 공식

쉬운 듯 어려운 국수 삶기. 부드러우면서도 쫄깃하게 최상의 상태로 국수 삶는 방법을 소개해요. 기본 공식에 이어 각 국수마다 구체적인 방법도 알려드리니 국수를 준비할 때마다 활용하세요. 단, 같은 면이라고 해도 브랜드마다 조금씩 차이가 있으니 포장지에 적힌 조리법을 그대로 지키는 것이 실패없이 국수를 삶는 가장 안전한 방법이랍니다.

 커다란 냄비를 준비해요.
물은 국수의 8~10배 정도로 넉넉하게 부어요.
* 물이 충분해야 면이 물 속에서 움직이며 골고루 맛있게 익어요.

건면

생면

 물이 바글바글 끓어오르면 면을 넣어요.
건면 냄비에 넓게 펼쳐 면을 넣어요.
* 펼쳐서 넣어야 면이 서로 들러붙지 않아요.
생면 겉에 묻은 밀가루를 털고 넣어요.
* 간이 없는 면(중화면 등)은 소금을 함께 넣어 면에도 간이 배도록 해요.

 면이 냄비 바닥에 눌어붙지 않도록 젓가락으로 중간중간 저어요.
* 소면, 메밀면은 다른 면과 달리 하얀 거품과 함께 부르르 끓어올라요. 찬물(1/2컵씩)을 붓고 다시 끓어오르면 또 찬물을 붓는 과정을 2~3번 반복하면 끓는 물이 넘치지 않고 면발이 더 쫄깃해져요.

 포장지에 적힌 시간만큼 익혀 재빨리 체에 밭쳐 찬물에 헹군 후 물기를 빼요.
* 찬물을 충분히 부어 식혀야 해요.
국수에 온기가 남아있으면 면발이 잘 끊어져요.
* 국수에서 뿌연 물이 나오지 않을 때까지 헹궈요.
전분기가 충분히 제거되어야 양념이 잘 배고 쫄깃함이 유지돼요.

건면 삶기

＊ 면 분량은 2~3인분 기준

소면

1 _ 냄비에 물 10컵을 끓인다.
2 _ 끓어오르면 소면을 펼쳐 넣고 센 불에서 3분 30초~4분간 저어가며 삶는다.
  ＊ 중간에 끓어오르면 찬물(1/2컵)을 붓는다. 다시 끓어오르면 찬물을 붓고 이 과정을 2~3회 반복한다.
3 _ 체에 밭쳐 찬물을 부어 한김 식힌다. 손으로 바락바락 주물러가며 흐르는 물에 헹군 후 물기를 뺀다.

메밀면

1 _ 냄비에 물 10컵을 끓인다.
2 _ 끓어오르면 메밀면을 펼쳐 넣고 센 불에서 4~5분간 저어가며 삶는다.
  ＊ 중간에 끓어오르면 찬물(1/2컵)을 붓는다. 다시 끓어오르면 찬물을 붓고 이 과정을 2~3회 반복한다.
3 _ 체에 밭쳐 찬물을 부어 한김 식힌다. 손으로 바락바락 주물러가며 흐르는 물에 헹군 후 물기를 뺀다.

라면사리

1 _ 냄비에 물 5컵을 끓인다.
2 _ 끓어오르면 라면사리를 넣고 센 불에서 3~4분간 저어가며 삶는다.
  ＊ 볶음면에 활용할 경우 포장지에 적힌 시간에서 볶는 시간만큼 제외하고 삶는다.
3 _ 체에 밭쳐 찬물에 가볍게 헹군 후 물기를 뺀다.

에그누들

1 _ 냄비에 물 5컵을 끓인다.
2 _ 끓어오르면 에그누들을 넣고 센 불에서 2분간 저어가며 삶는다.
  ＊ 볶음면에 활용할 경우 포장지에 적힌 시간에서 볶는 시간만큼 제외하고 삶는다.
3 _ 체에 밭쳐 찬물에 가볍게 헹군 후 물기를 뺀다.

● **국수 상식 _ 익히고, 말리고, 튀기고~ 다양한 면 가공법**

면은 가공방식에 따라 수분 함량, 삶는 시간, 열량, 보관성에 차이가 난다. 포장지 뒷면의 식품 유형란을 보면 어떠한 방식으로 가공했는지 알 수 있다.
생면 면을 익힌 후 냉각수에 헹궈서 만든다. 촉촉한 상태로 판매되기 때문에 살균 과정을 거쳐 표면만 살짝 건조해 수분을 60% 정도 남긴 후 포장한다.
숙면 면을 부드럽게 반쯤 익힌 상태로 포장한 면. 이미 가공과정에서 한 번 익혔기 때문에 먹을 때는 살짝 데치는 정도로 삶는 것이 좋다.
건면 생면이나 숙면을 바람에 말려 건조한 것. 수분이 적어 부피가 작고 보관성이 좋다. 건면 중 '호화건면'은 면을 증기로 찐 후 건조한 면이다.
일반 건면보다 익는 속도가 빨라 컵라면에 많이 쓰인다. 열량을 낮춘 다이어트 면제품에도 쓰인다.
유탕면 익힌 면을 기름에 튀긴 것. 가공방법이 간단하고 시간도 적게 들지만, 기름기가 많고 열량이 높다. 건면에 비해 열량은 약 100kcal 정도 높다.

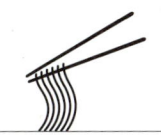

생면 삶기

*면 분량은 2~3인분 기준

생소면

1_ 냄비에 물 10컵을 끓인다.
2_ 생소면에 묻어있는 밀가루를 탈탈 털어낸다.
3_ 끓어오르면 생소면을 넣고 센 불에서 3~4분간 저어가며 삶는다.
  *생면의 경우 냄비 바닥에 눌어붙기 쉬우니 저어가며 삶아야 한다.
4_ 체에 받쳐 찬물을 부어 한김 식힌 후 흐르는 물에 헹궈 물기를 뺀다.

생칼국수면

1_ 냄비에 물 10컵을 끓인다.
2_ 생칼국수면에 묻어있는 밀가루를 탈탈 털어낸다.
3_ 끓어오르면 생칼국면을 넣고 센 불에서 5~6분간 저어가며 삶는다.
  *생면의 경우 냄비 바닥에 눌어붙기 쉬우니 저어가며 삶아야 한다.
4_ 체에 받쳐 찬물을 부어 한김 식힌 후 흐르는 물에 헹궈 물기를 뺀다.

우동면

1_ 냄비에 물 5컵을 끓인다.
2_ 끓어오르면 우동면을 넣고 센 불에서 2분 30초~3분간 삶는다.
  *처음부터 젓가락으로 저으면 끊어지니 익으면서 풀어질 때까지 잠시 두었다가 저어야 한다.
  *볶음면에 활용할 경우 포장지에 적힌 시간에서 볶는 시간만큼 제외하고 삶는다.
3_ 체에 받쳐 찬물을 부어 한김 식힌 후 흐르는 물에 헹궈 물기를 뺀다.

중화면

1_ 냄비에 물 10컵을 끓인다.
2_ 중화면에 묻어있는 밀가루를 탈탈 털어낸다.
3_ 끓어오르면 중화면을 넣고 센 불에서 5~6분간 저어가며 삶는다.
  *생면의 경우 냄비 바닥에 눌어붙기 쉬우니 저어가며 삶아야 한다.
4_ 체에 받쳐 찬물을 부어 한김 식힌 후 흐르는 물에 헹궈 물기를 뺀다.

● 생면을 삶지 않고 국물에 바로 넣을 때는?

생면으로 국물국수를 만들 때는 대부분 별도로 면을 삶지 않고 바로 국물에 넣고 끓인다. 이러한 국수를 '제물국수'라고 부른다.
이때 주의할 점은 면의 겉에 묻어있는 밀가루를 잘 털어내는 것. 그래야 국물이 텁텁하지 않다. 더 맑은 국물을 원하면 생면을 찬물에 가볍게 헹군 후 넣는다. 또 한 가지 주의할 점은 생면이 익으면서 국물을 많이 흡수하니 제물국수는 국물의 양을 넉넉하게 잡아야 한다.

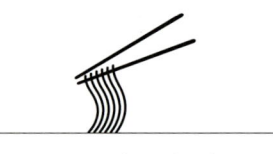

그밖의 면 삶기

*면 분량은 2~3인분 기준

냉면

1 _ 냄비에 물 7컵을 끓인다.
2 _ 냉면은 가닥가닥 뜯는다.
  * 가닥가닥 완전히 뜯은 후 삶아야 뭉치지 않는다.
3 _ 끓어오르면 냉면을 넣고 센 불에서 40초간 저어가며 삶는다.
4 _ 체에 밭쳐 찬물을 부어 한김 식힌다. 손으로 바락바락 주물러가며 흐르는 물에 헹군 후 물기를 뺀다.

쫄면

1 _ 냄비에 물 7컵을 끓인다.
2 _ 쫄면은 가닥가닥 뜯는다.
  * 가닥가닥 완전히 뜯은 후 삶아야 뭉치지 않는다.
3 _ 끓어오르면 쫄면을 넣고 센 불에서 5분간 저어가며 삶는다.
4 _ 체에 밭쳐 찬물을 부어 한김 식힌다. 손으로 바락바락 주물러가며 흐르는 물에 헹군 후 물기를 뺀다.

쌀국수

1 _ 쌀국수는 잠길 만큼의 찬물에 담가 30분간 불린다.
  * 쌀국수는 면이 쉽게 부서지기 때문에 미리 불려 삶아야 한다.
2 _ 냄비에 물 5컵을 끓인다.
3 _ 끓어오르면 쌀국수를 넣고 센 불에서 30초간 저어가며 삶는다.
4 _ 체에 밭쳐 찬물에 가볍게 헹군 후 물기를 뺀다.
  * 쌀국수면은 비교적 전분기가 덜하니 가볍게 헹궈도 된다.

당면

1 _ 당면은 잠길 만큼의 찬물에 담가 30분~1시간 정도 불린다.
  * 불릴 시간이 없을 때는 삶는 시간을 5~6분으로 늘린다.
2 _ 냄비에 물 7컵을 끓인다.
3 _ 끓어오르면 당면을 넣고 센 불에서 2~3분간 저어가며 삶는다.
4 _ 체에 밭쳐 찬물에 가볍게 헹군 후 물기를 뺀다.
  * 당면은 비교적 전분기가 덜하니 가볍게 헹궈도 된다.

● 다이어터들의 국수, 곤약면(실곤약)은 어떻게 먹을까?

곤약면은 보통 물에 담겨 판매된다. 체에 밭쳐 물만 빼고 바로 먹어도 되나 특유의 냄새가 있으니 살짝 데쳐 먹는 것이 좋다.
방법은 끓는 물에 식초 한두 방울을 섞은 후 곤약면을 넣고 1분 정도 데친다. 체에 밭쳐 찬물에 가볍게 헹군 후 물기를 뺀다.

Noodle Basics 국수 상식 & 정보 ____ 21

국수가 좀 더 맛있어지는 한 끗 차이

차갑게 먹는 비빔국수의 면이 퉁퉁 불어있다면? 따뜻하게 먹는 국물국수가 미지근하다면?
부재료나 양념들을 아무리 완벽하게 준비해도 면덕후들은 만족할 수 없지요.
입안 가득 국수 먹는 즐거움을 선사할 사소하지만 한 끗 다른 노하우를 기억하세요.

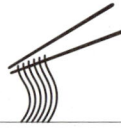

차갑게 먹는 국수에는 '얼음 찜질'

시원하게 즐기는 국수는 쫄깃한 면발이 생명.
면을 팔팔 끓는 물에 삶은 후 바로 차가운 물에 헹구면 온도차로 인해 확 수축되면서
쫄깃함이 커져요. 얼음물에 헹구면 더욱 더 식감이 좋아지죠.
면을 삶아 헹군 후 아예 얼음과 함께 잠시 담아두는 것도 아주 좋은 방법이랍니다.
단, 양념에 버무리기 전 면을 체에 밭쳐 물기를 최대한 제거하세요.

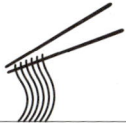

뜨겁게 먹는 국물국수에는 '토렴'

면을 삶은 후 붙지 않게 하기 위해 찬물에 헹구기 때문에, 그릇에 그대로 담아 국물을 부으면
미지근해져 특유의 뜨끈한 맛을 즐길 수 없어요. 그래서 마지막 단계에 '토렴'을 해주지요.
삶은 면을 뜨거운 국물에 한 번 담갔다가 건져 면과 국물의 온도를 맞추는 과정이에요.

방법 1_ 그릇에 면을 담고 뜨거운 국물을 부어 면을 데운다. 다시 국물만 냄비에 따라내어 섞는다. 뜨거운 국물을 다시 그릇에 붓는다.

방법 2_ 체에 면을 담아 뜨거운 국물에 담가 살살 흔들어 데운 후 건져 그릇에 담고 뜨거운 국물을 붓는다.

도전 1. 생면 만들기
만드는 법부터 익히는 법까지

재료 중력분 200g, 소금 1작은술, 물 100g, 밀가루(덧가루용, 중력분) 약간

1 _ 큰 볼에 중력분, 소금, 물을 넣고 숟가락으로 골고루 섞는다.
2 _ 한 덩어리로 뭉친다.
3 _ 손바닥을 이용해 힘주어 표면이 매끄러워질 때까지 10분간 반죽한다.
4 _ 위생팩에 담아 냉장실에서 30분~1시간 숙성시킨다.
5 _ 반죽이 붙지 않도록 바닥에 밀가루를 뿌리고 반죽 위에도 밀가루를 뿌린다.
6 _ 밀대로 반죽을 사방으로 골고루 밀어 0.2cm 두께로 편다. 중간중간 밀가루를 밀대, 바닥, 반죽 등에 뿌려 서로 들러붙지 않도록 한다.
7 _ 반죽에 밀가루를 골고루 뿌린 다음 반으로 접는다.
8 _ 다시 밀가루를 뿌리고 한두 번 더 접어 썰기 적당한 크기로 만든다. 중간중간 밀가루를 뿌려 반죽끼리 붙지 않도록 한다.
9 _ 0.5cm 두께로 썰고 가볍게 털어 위생팩에 담아 냉장실에 보관한다.

* 생면은 수분이 많기 때문에 보관하는 중간중간에 서로 들러붙지 않도록 밀가루를 뿌려준다.
* 삶는 방법은 생칼국수면(19쪽 참고)과 동일하다.

도전2 **면 예쁘게 담기**
동그란 모양 살린 깔끔한 플레이팅 노하우

방법 1_

면을 찬물에 담가 한 손으로
엉키지 않게 물 속에서 흔들어 잡아 올려
다른 손에 걸친다. 손가락으로 빗질을
하듯 살살 엉킨 면을 풀고 물기를 살짝
짠다. 그릇의 가장자리부터 돌려가며
쌓듯이 담는다.

방법 2_

나무젓가락으로 면을 집어 돌돌 만다.
이때 면이 흘러내리지 않도록
손으로 막고 돌린다.
면이 풀리지 않게 손으로 쥐고
그릇에 담은 후 젓가락을 살살 빼낸다.
* 쇠젓가락은 가늘고 미끄러우니
조금 도톰한 나무젓가락을 사용한다.

방법 3_

감겨진 면 모양이 잘 보이게
세워 담아도 예쁘다.

방법 4_

큼직하게 한 덩어리로 담고자 한다면
방법 ①의 첫 사진처럼 손으로 엉킨 면이
없게 살살 풀어 손가락 사이에 끼운다.
여러 번 두툼하게 말아 그릇에 담은 후
손가락을 살살 뺀다.

국수별 1인분 눈대중량

소면 100g

칼국수면 100g

메밀면 100g

당면 100g

파스타 100g

생소면 150g

생칼국수면 150g

생메밀면 150g

냉면 150g

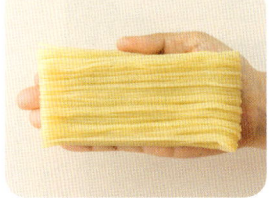
쫄면 200g

중화면 150g

쌀국수면 100g

우동면 190g

라면사리 110g

에그누들 90g

곤약면(실곤약) 200g

실패 없는 요리를 위한 쿠킹 가이드

계량하기

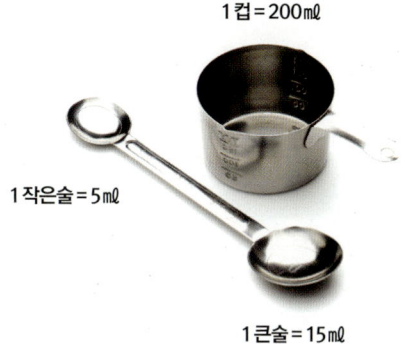

1컵 = 200㎖
1 작은술 = 5㎖
1 큰술 = 15㎖

계량도구로 정확하게 계량하는 법
가루류나 장류 등 물기 없는 재료는 넉넉하게 담아 윗면을 평평하게 깎아 계량한다. 액체류는 넘치지 않을 정도로 찰랑찰랑하게 담는다.

* 계량도구를 이용한 계량은 부피의 계량이므로 무게와 동일하게 생각하면 안된다. 예를 들어, 동일한 1컵이라도 밀가루는 가볍고 고추장은 무겁다.

* 계량스푼에 비해 대부분의 밥숟가락은 크기가 작으니 봉긋 올라오게 수북이 담아야 한다.

1큰술(15㎖) = 1/2큰술×2 = 1작은술×3 = 밥숟가락 수북이 가득

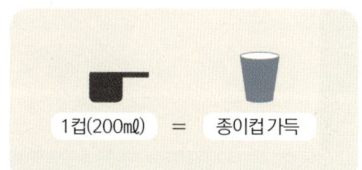

1컵(200㎖) = 종이컵 가득

불세기 조절하기

가스레인지를 기준으로 불꽃과 냄비(팬) 바닥 사이의 간격을 조절한다.

불꽃과 냄비의 간격이 중요해요!

- **센 불** 불꽃이 냄비 바닥까지 충분히 닿는 정도
- **중간불** 불꽃과 냄비 바닥 사이에 0.5cm 가량의 틈이 있는 정도
- **중약불** 약한 불과 중간 불의 사이
- **약한불** 불꽃과 냄비 바닥 사이에 1cm 가량의 틈이 있는 정도

인분수 조절하기

식재료는 인분수에 맞춰 줄이거나 늘리면 되지만, 양념과 국물은 그렇지 않다. 분량이 줄거나 늘어도 볼이나 팬에 묻는 양념의 양, 끓일 때 국물의 증발량은 비슷해 간이 맞지 않을 수 있기 때문이다. 조리시 불세기는 동일하게 하되, 조리시간은 인분수에 맞춰 상태를 확인하며 조절한다.

인분수를 줄일 때 양념과 국물

양념은 인분수대로 줄이면 싱거울 수 있다. 줄인 인분수 분량보다 10% 정도 더 준비해 맛을 보며 간을 맞춘다. **국물**도 인분수대로 줄이면 부족할 수 있다. 10~20% 정도 더 준비해 원하는 양이 되도록 추가한다.

인분수를 늘릴 때 양념과 국물

양념은 인분수대로 늘리면 짤 수 있으니 늘린 인분수 분량보다 10~15% 정도 적게 넣는다. **국물**도 인분수대로 늘리면 많을 수 있으니 10~15% 정도 적게 넣는다.

Chapter 1

기본 국수 15개 + 응용 국수 30개

우리가 가장 자주 먹는 기본 국수를 확실하게 이해한다면,
다양하게 응용해 오감 만족 별미 국수를 만들 수 있지요.
한 번쯤 제대로 배우고 싶었던 기본 국수 15개,
친숙하면서도 새로운 응용 국수 30개.
이 레시피들만 있다면 이제 어떤 국수도 자신만만해질 거예요.

기본을 알면
국수가 무궁무진해진다

우리의 국수는 중국에서 들어와
고려시대부터 먹기 시작했다고 알려져 있습니다.
밀농사를 짓기 어려웠던 옛날에는
중국에서 밀가루를 수입했어요.
수입 밀가루는 비쌌기 때문에
밀가루를 반죽해 만드는 국수 역시 귀했어요.
국수는 잔칫날에나 먹을 수 있었지요.
성인이 되면 종종
"너, 국수 언제 먹여줄 거야?"라는
질문을 받곤 하는데 이 말은
'언제 결혼할 거야?'라고 묻는 것과 같았어요.
국수는 음식 중에 길이가 가장 길어요.
결혼식에 국수를 먹는 건 국수처럼 신랑 신부가
오래도록 잘 살라는 의미를 담은 것이지요.
아이의 백일상에 하얀 실이나 국수를 올려놓는 것도
무병장수를 기원하는 의미가 있어서랍니다.
한국의 국수는 지역마다 조금씩 다른 특징이 있는데요,
그 내용은 86쪽에서 만나보세요.

잔치국수 레시피 36쪽

'장수(長壽)'를 의미하는 긴 가닥의 소면에 뜨끈한 국물을 붓고 여러 가지 고명을 올려 잔칫날 나눠 먹었던 한국의 대표 국수. 고기국물을 쓰기도 했지만 요즘은 대부분 멸치국물로 만들지요. 황태나 새우로 밑국물을 내도 맛있답니다. 토핑은 얼마든지 응용이 가능한데, 자투리 채소를 색색깔로 섞어 볶아 올리면 푸짐해 보이고 맛과 영양도 좋아지지요. 다양한 양념장(38쪽)을 더해 맛의 깊이를 더하세요.

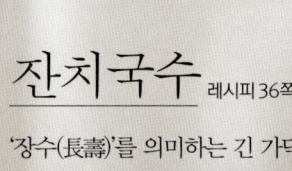
기본

두부국수 레시피 36쪽

'할머니 국수'라고도 불리는 담백하고 깔끔한
국물국수. 순두부 대신 일반 두부를 한입 크기로
썰어 넣어도 좋아요.

달걀 어묵국수 레시피 36쪽

냉장고에 자주 사다두는 재료들로 만든
소박한 국수. 어묵 덕분에 국물의 감칠맛이 끝내주지요.
달걀이나 어묵 중 한 가지만 넉넉히 넣어도 돼요.

국물국수에 활용하기 좋은 3가지 밑국물

멸치로만 국물을 내면 풍미가 강하기 때문에, 국이나 찌개처럼 여러 재료와 양념이 들어가는 경우에는 괜찮지만 맑은 국물국수에는 적합하지 않다. 그래서 국수용 밑국물에는 맛을 부드럽게 하는 부재료를 함께 넣는 것이 포인트. 양파는 단맛이 우러나와 국물 맛을 부드럽게 하고, 무는 멸치 잡냄새를 흡수해 깔끔하고 개운한 국물이 되게 한다. 대파 역시 잡내, 비린내 등을 없애준다. 말린 표고버섯과 다시마는 국물의 감칠맛을 높인다.

새우국물은 특유의 풍미와 달큰한 맛이 있다. 단맛이 도는 채소를 넣으면 국물 맛이 너무 달아질 수 있으니 시원한 맛을 내는 무와 대파, 감칠맛을 높이는 다시마 정도만 더해 맛있는 밑국물이 완성하자.

황태국물은 구수한 맛이 특징. 시원한 맛의 무, 감칠맛을 높이는 다시마, 고소한 들기름까지 더하면 정말 맛있는 밑국물이 된다. 황태의 뽀얀 국물이 잘 우러나게 하기 위해 물은 두 번에 나누어 넣는 것이 좋다. 황태채 대신 통황태를 쓴다면 표면적이 넓어지도록 잘라 넣고 머리도 함께 끓이면 진한 국물 맛을 낼 수 있다.

멸치국물 내기

완성량 7컵, 2인분

- 국물용 멸치 20마리
- 양파 1/2개(100g)
- 무 100g(지름 10cm, 두께 1cm 크기)
- 말린 표고버섯 3개
- 대파 20cm 2대
- 다시마 5×5cm 8장
- 물 9컵(1.8ℓ)

● **디포리로 좀 더 진한 맛 내기**
디포리는 '밴댕이'라고도 불리는 멸치과 생선으로 일반 국물용 멸치보다 깊고 시원한 국물 맛을 낸다. 단, 너무 많이 넣으면 향이 부담스러울 수 있으니 멸치를 10마리로 줄이고 디포리를 4~5마리 정도 더해 같은 방법으로 끓이면 된다.

1_ 달군 냄비에 멸치를 넣고 중약 불에서 2분간 볶는다.

2_ 나머지 재료를 넣고 20분간 끓인다. 체에 밭쳐 국물을 준비한다.
 ＊ 센 불에서 바글바글 끓이면 국물이 탁해질 수 있다. 중약 불에서 뭉근히 끓여야 맑고 맛있는 국물이 된다.

새우국물 내기

완성량 7컵, 2인분

- 건새우 1과 1/2컵(45g)
- 무 100g(지름 10cm, 두께 1cm 크기)
- 대파 20cm 2대
- 다시마 5×5cm 8장
- 물 9컵(1.8ℓ)

1_ 달군 냄비에 건새우를 넣고 중약 불에서 2분간 볶는다.

2_ 나머지 재료를 넣고 20분간 끓인다. 체에 밭쳐 국물을 준비한다.
 ＊ 센 불에서 바글바글 끓이면 국물이 탁해질 수 있다. 중약 불에서 뭉근히 끓여야 맑고 맛있는 국물이 된다.

황태국물 내기

완성량 7컵, 2인분

- 황태채 3컵(60g)
- 무 200g(지름 10cm, 두께 2cm 크기)
- 다시마 5×5cm 8장
- 들기름 1큰술
- 물 5컵 + 5컵(총 2ℓ)

1_ 냄비에 황태채, 들기름, 물(5컵)을 넣고 중간 불에서 10분간 끓인다.

2_ 무, 다시마, 물(5컵)을 넣고 중약 불로 줄여 20분간 끓인다. 체에 밭쳐 국물을 준비한다.

기본 **잔치국수**

2인분 /
15~25분(+ 밑국물 내기 25분)

- 소면 2줌(200g)
- 밑국물 7컵(1.4ℓ)
  * 국물 내기 35쪽
- 대파 10cm
- 소금 약간
- 후춧가루 약간
- 식용유 1/2큰술 + 1큰술

국물 양념
- 국간장 2작은술
- 소금 1작은술
- 후춧가루 약간

토핑
- 애호박 1/3개(90g)
- 당근 1/5개(40g)
- 표고버섯 2개(50g)
- 익은 배추김치 1/2컵(75g)
- 달걀 1개

● 이런 면도 어울려요!

메밀면　쌀국수면

응용 1 **두부국수**

2인분 /
5~10분(+ 밑국물 내기 25분)

- 소면 2줌(200g)
- 밑국물 7컵(1.4ℓ)
  * 국물 내기 35쪽
- 순두부 1봉(350g)
- 대파 10cm
- 조미김 부순 것 약간

국물 양념
- 국간장 2작은술
- 소금 1작은술
- 후춧가루 약간

● 이런 면도 어울려요!

메밀면　쌀국수면

응용 2 **달걀 어묵국수**

2인분 /
10~15분(+ 밑국물 내기 25분)

- 소면 2줌(200g)
- 밑국물 7컵(1.4ℓ)
  * 국물 내기 35쪽
- 사각어묵 2장
- 달걀 2개
- 대파 10cm

국물 양념
- 국간장 1작은술
- 소금 1작은술
- 후춧가루 약간

● 이런 면도 어울려요!

메밀면　쌀국수면

공통

1_ 원하는 밑국물을 준비해(35쪽 참고) 냄비에 붓고 국물 양념 재료를 섞는다.

2_ 원하는 양념장을 준비한다. (38쪽 참고)

3_ 소면 삶을 물(10컵)을 미리 센 불에 올려 끓인다. 국물이나 토핑 등이 준비된 후 먹기 직전에 소면을 삶는다. 체에 밭쳐 찬물에 헹군 후 물기를 뺀다. (18쪽 참고)

잔치국수

1_ 애호박, 당근은 가늘게 채 썬다. 표고버섯은 밑동을 떼고 0.3cm 두께로 썬다. 대파는 송송 썬다.

2_ 배추김치는 양념을 손으로 훑어낸 후 사방 1cm 크기로 썬다.

3_ 볼에 달걀을 푼다. 달군 팬에 식용유(1/2큰술)를 두른 후 키친타월로 살살 펴 바른다.

4 _ 달걀물을 붓고 팬을 들어 골고루 펴지게 한다. 약한 불에서 1분 30초, 뒤집어 30초간 익힌다. 도마에 올려 한김 식힌 후 가늘게 채 썰어 지단채를 준비한다.
* 뒤집을 때 찢어질 수 있으니 뒤집개를 2개 활용하거나 사진처럼 손으로 살짝 붙잡고 재빨리 뒤집는다.

5 _ 팬을 닦고 다시 달군 후 식용유(1큰술)를 두르고 애호박, 당근, 표고버섯, 소금, 후춧가루를 넣고 중간 불에서 3분간 볶는다.

6 _ 공통①의 밑국물을 센 불에서 끓인다. 바글바글 끓으면 대파를 넣고 1분간 끓인 후 불을 끈다. 그릇에 삶은 면을 담은 후 국물을 붓고 볶은 채소, 배추김치, 지단채를 올린다.

두부국수

1 _ 공통①의 밑국물을 센 불에서 끓인다. 끓어오르면 순두부를 넣고 숟가락으로 먹기 좋게 갈라 중간 불에서 2분간 끓인다.

2 _ 대파를 송송 썰어 넣고 1분간 끓인다.

3 _ 그릇에 삶은 면을 담은 후 두부 넣어 끓인 국물을 붓고 조미김 부순 것을 올린다.

달걀 어묵국수

1 _ 대파는 송송 썬다. 사각어묵은 길이로 2등분한 후 0.5cm 두께로 채 썬다. 볼에 달걀을 푼다.

2 _ 공통①의 밑국물을 센 불에서 끓인다. 끓어오르면 어묵을 넣고 중간 불에서 1분간 끓인다. 달걀을 둘러 붓고 1분간 그대로 둔다.

3 _ 대파를 넣고 1분간 더 끓인다. 그릇에 삶은 면을 담은 후 달걀과 어묵 넣어 끓인 국물을 붓는다.

국물국수를 더 맛있게 해주는 6가지 양념장

* 완성량 2~3인분
* 양념장의 밑국물은 국수 국물용으로 끓인 것을 쓰면 된다. 생수 대체 가능.

간장 양념장 ── 양조간장 1큰술, 국간장 1큰술, 밑국물(또는 생수) 1큰술, 다진 파 2큰술, 다진 마늘 1작은술, 통깨 간 것 1작은술, 참기름 1작은술, 후춧가루 약간을 섞는다.

매콤 양념장 ── 다진 청양고추 1개분, 송송 썬 쪽파 1줄기분(또는 굵게 다진 대파 5cm분), 양조간장 1큰술, 국간장 1큰술, 밑국물(또는 생수) 1큰술, 고춧가루 2작은술, 다진 마늘 1작은술, 통깨 간 것 1작은술, 후춧가루 약간을 섞는다.

김치 양념장 ── 다진 배추김치 1/2컵(75g), 통깨 간 것 1큰술, 참기름 1큰술, 설탕 1작은술, 고춧가루 1/2작은술, 후춧가루 약간을 섞는다.

고추지 ── 다진 고추지 1/3컵(50g)에 고추지 국물을 약간 넣고 섞어 촉촉하게 준비한다.

들깨 양념장 ── 들깻가루 4큰술, 양조간장 1큰술, 국간장 1큰술, 밑국물(또는 생수) 1큰술, 다진 마늘 1작은술, 후춧가루 약간을 섞는다.

새우젓 양념장 ── 새우젓 1큰술, 고춧가루 3큰술, 양조간장 1큰술, 밑국물(또는 생수) 1큰술, 다진 마늘 1큰술, 후춧가루 약간을 섞는다.

Chapter 1 기본 국수 + 응용 국수 39

간장 비빔면 (골동면)

삶은 국수에 쇠고기, 오이, 버섯, 달걀 등 고명을 올려 간장 양념에 비벼 먹는 전통 비빔국수예요. '골동면(骨董麵)'으로 불렸는데 '골동'은 '여러 재료를 섞는다'는 의미지요. 요즘 트렌드에 맞춰 오이를 듬뿍 넣어 건강하게 만들었고, 쇠고기와 표고버섯을 같은 양념에 한 번에 볶도록 해 번거로움을 줄였어요. 국수 비빔장에 양조간장과 함께 맑은 빛깔을 가진 국간장을 섞어 색은 옅게, 그러면서도 깊은 맛은 더했답니다.

기본

2인분 / 25~30분

- 소면 2줌(200g)
- 다진 쇠고기 100g
- 오이 1개(200g)
- 표고버섯 3개(또는 다른 버섯, 75g)
- 소금 약간
- 후춧가루 약간
- 통깨 약간
- 식용유 1큰술 + 1큰술

쇠고기 양념
- 양조간장 1큰술
- 맛술 1큰술
- 다진 마늘 1작은술
- 참기름 1작은술
- 후춧가루 약간

간장 비빔장
- 양조간장 1큰술
- 국간장 1큰술
- 설탕 1큰술
- 참기름 1큰술
- 후춧가루 약간

● **이런 면도 어울려요!**

메밀면 　곤약면

1_ 먼저 큰 볼에 비빔장 재료를 섞는다.
오이는 길이로 2등분해 0.5cm 두께의 반달 모양으로 썬다. 표고버섯은 밑동을 떼고 0.5cm 두께로 썬다.

2_ 다진 쇠고기는 키친타월로 감싸 눌러 핏물을 제거한다.
볼에 쇠고기 양념 재료를 섞은 후 쇠고기, 표고버섯을 넣어 버무린다.

3_ 달군 팬에 식용유(1큰술)를 두르고 오이, 소금, 후춧가루를 넣어 중간 불에서 2분간 볶아 접시에 덜어둔다.

4_ 팬을 닦고 다시 달궈 식용유(1큰술)를 두르고 ②를 넣어 중간 불에서 3분간 물기 없게 볶아 접시에 덜어둔다.

5_ 소면 삶을 물(10컵)을 센 불에서 끓인다. 끓으면 소면을 삶는다. 체에 밭쳐 찬물에 헹군 후 물기를 뺀다. (18쪽 참고)

6_ 비빔장이 담긴 큰 볼에 삶은 면을 넣어 가볍게 버무린다. 그릇에 담고 오이볶음, 쇠고기와 표고버섯볶음을 올리고 통깨를 뿌린다.

● **국간장이 없다면?**
색깔은 짙어지지만 간은 맞으니 양조간장을 동량으로 더 넣으면 된다. 이 경우 양조간장의 총량은 2큰술이 된다.

깨간장 토마토 비빔면

응용 1

일본 드라마 '고독한 미식가'에 소개되어 눈길을 끌었던 '깨간장 비빔면'. 깨가 듬뿍 들어가 고소하지만 수분기를 흡수해 퍽퍽할 수 있으니 생수로 농도를 조절하세요. 깨 대신 껍질 벗긴 들깻가루(깨의 1/2분량)도 어울려요. 일식 풍미를 즐기고 싶다면 깨간장에 연겨자 1/2~1작은술을 더하세요.

2인분 / 25~30분

- 소면 2줌(200g)
- 오이 1개(또는 파프리카, 200g)
- 방울토마토 10개
  (또는 토마토 1개, 150g)
- 달걀 1개
- 소금 약간
- 식용유 1/2큰술

깨간장 비빔장

- 통깨 간 것 7큰술
- 양조간장 1큰술
- 국간장 1큰술
- 생수 5큰술
- 설탕 1큰술
- 참기름 1큰술
- 후춧가루 약간

● **이런 면도 어울려요!**

메밀면 　 라면사리 　 곤약면

1 _ 큰 볼에 비빔장 재료를 섞는다. ✽ 먹기 직전까지 냉장실에 넣어 차게 두면 좋다.

2 _ 오이는 가늘게 채 썬다. 방울토마토는 4등분한다.

3 _ 볼에 달걀을 푼다.

4 _ 달군 팬에 식용유를 두르고 키친타월로 살살 펴 바른다.
달걀물을 붓고 팬을 들어 골고루 퍼지게 한다. 약한 불에서 1분 30초, 뒤집어 30초간 익힌다. 도마에 올려 한김 식힌 후 가늘게 채 썰어 지단채를 준비한다. ✽ 뒤집을 때 찢어질 수 있으니 뒤집개를 2개 활용하거나 손으로 살짝 붙잡고 재빨리 뒤집는다. (37쪽 과정④ 참고)

5 _ 소면 삶을 물(10컵)을 센 불에서 끓인다. 끓으면 소면을 삶는다. 체에 밭쳐 찬물에 헹군 후 물기를 뺀다. (18쪽 참고)

6 _ 비빔장이 담긴 큰 볼에 모든 재료를 넣어 버무린 후 그릇에 담는다.
　✽ 비비지 않고 그릇에 모든 재료를 담은 후 비빔장을 뿌려도 좋다.

양배추 비빔면

재료는 간단하지만 여름철 별미로 손색 없는 국수예요. 양배추의 아삭한 식감이 살도록 전자레인지로 살짝만 익혀 냉장실에 넣어두는 것이 포인트지요. 비빔장의 매실청은 양배추의 풍미를, 마지막 참기름 한 방울은 감칠맛을 상승시켜 맛있는 국수를 완성시킨답니다.

응용 2

2인분 / 25~35분
- 소면 2줌(200g)
- 양배추 1/4통(450g)
- 대파 10cm
- 달걀 1개
- 조미김 부순 것 1/2컵
- 참기름 1큰술
- 소금 약간

매실간장 비빔장
- 설탕 1큰술
- 양조간장 2큰술
- 국간장 1큰술
- 식초 2큰술
- 생수 4큰술
- 매실청 2큰술
- 후춧가루 약간

● 이런 면도 어울려요!

메밀면 　 라면사리 　 곤약면

1__ 큰 볼에 비빔장 재료를 섞는다. *먹기 직전까지 냉장실에 넣어 차게 두면 좋다.

2__ 냄비에 달걀을 넣고 잠길 만큼의 물을 부어 센 불에서 끓어오르면 중간 불로 줄여 12분간 삶는다. 찬물에 담가 한김 식힌다.

3__ 양배추는 가늘게 채 썬다. 내열용기에 양배추, 소금을 넣고 뚜껑이나 접시로 덮어 전자레인지에서 2~3분간 익힌다. 찬물에 헹궈 물기를 꼭 짠 후 키친타월로 감싸 냉장실에 넣어둔다.

4__ 대파는 송송 썬다. 삶은 달걀은 껍질을 벗겨 2등분한다.

5__ 소면 삶을 물(10컵)을 센 불에서 끓인다. 끓으면 소면을 삶는다. 체에 밭쳐 찬물에 헹군 후 물기를 뺀다. (18쪽 참고)

6__ 비빔장이 담긴 큰 볼에 삶은 면, 양배추, 대파를 넣어 가볍게 섞은 후 참기름을 넣고 가볍게 버무린다.

7__ 그릇에 담고 조미김 부순 것, 삶은 달걀을 올린다.

3

4

Chapter 1 　 기본 국수 + 응용 국수 　 43

참외 비빔면

참외를 비빔장과 부재료에 모두 활용해 풍미를 극대화시킨 독특한 국수예요. 비빔장에 설탕 대신 참외를 갈아 넣는데 참외의 당도는 조금씩 차이가 있으니 맛을 본 후 설탕을 조금 더해도 돼요. 간이 순해 어린 아이들도 먹기 좋아요. 소면 대신 곤약면을 활용하면 다이어트 국수로도 제격이지요.

2인분 / 15~25분
- 소면 2줌(200g)
- 참외 1개(중간 크기, 300g)
- 쪽파 2줄기
  (또는 어린잎채소 2줌, 16g)

비빔장
- 양조간장 1큰술
- 국간장 1큰술
- 식초 2큰술
- 후춧가루 약간

이런 면도 어울려요!

 메밀면   곤약면

1_ 참외는 껍질을 벗겨 길이로 2등분한 후 숟가락으로 씨를 파낸다.

2_ 참외 1/2개는 푸드 프로세서나 강판으로 갈아 큰 볼에 담고 비빔장 재료와 섞는다.

3_ 나머지 참외는 모양대로 얇게 썬다. 쪽파는 송송 썬다.

4_ 소면 삶을 물(10컵)을 센 불에서 끓인다. 끓으면 소면을 삶는다. 체에 밭쳐 찬물에 헹군 후 물기를 뺀다. (18쪽 참고)

5_ 비빔장이 담긴 큰 볼에 ③의 참외를 넣고 섞는다. 삶은 면을 넣어 버무린 후 그릇에 담고 쪽파를 뿌린다.

참나물 차돌국수

고기 쌈과 국수를 한입에
즐길 수 있는 매력적인 메뉴예요.
가볍게 간을 해서 볶은
차돌박이에 향긋한 참나물을
더해 느끼함을 싹 잡았어요.
여기에 새콤한 비빔면을 곁들여
맛의 밸런스를 맞췄지요.
참나물은 쌈채소로, 차돌박이는
대패삼겹살이나 샤브샤브용
쇠고기로 대체해도 됩니다.

응용 4

2인분 / 25~35분
- 소면 2줌(200g)
- 차돌박이 300g(또는 대패삼겹살, 샤브샤브용 쇠고기)
- 참나물 1줌(또는 쌈채소, 50g)
- 통깨 간 것 약간(또는 통깨)

쇠고기 양념
- 양조간장 1큰술
- 맛술 2큰술
- 다진 마늘 1작은술
- 후춧가루 1/2작은술 (기호에 따라 가감)

매실간장 비빔장
- 설탕 1큰술
- 양조간장 1과1/2큰술
- 국간장 1큰술
- 식초 2큰술
- 생수 1큰술
- 매실청 1큰술
- 참기름 1작은술
- 후춧가루 약간

● 이런 면도 어울려요!

메밀면   쌀국수면

1 _ 작은 볼에 쇠고기 양념 재료를 섞는다. 큰 볼에 비빔장 재료를 섞는다.

2 _ 참나물과 차돌박이는 한입 크기로 썬다.

3 _ 달군 팬에 차돌박이를 넣어 중간 불에서 1분간 볶는다. 키친타월로 팬에 고인 기름기를 최대한 제거한 후 쇠고기 양념을 넣고 센 불로 올려 30초간 볶는다.

4 _ 소면 삶을 물(10컵)을 센 불에서 끓인다. 끓으면 소면을 삶는다. 체에 밭쳐 찬물에 헹군 후 물기를 뺀다. (18쪽 참고)

5 _ 비빔장이 담긴 큰 볼에 삶은 면을 넣어 버무린다. 그릇에 담고 참나물, 구운 차돌박이를 올린 후 통깨 간 것을 뿌린다.

고추장 비빔면 레시피 48쪽

새콤달콤한 양념이 입에 착 감기는 비빔국수의 대표주자. 맛의 포인트는 비빔장에 들어가는 매실청이에요.
설탕만 사용할 때보다 단맛이 입체적이고 풍미가 감돌아요. 채소나 부재료의 잡내도 없애주지요.
선육후면(先肉後麵). 고기구이 후 먹기 딱 좋은 국수라서 쌈채소, 오이 등을 활용했어요. 쌈무도 잘 어울려요.

기본

김치 비빔면 레시피 48쪽

가장 중요한 것은 잘 익은 김치의 맛. 김치는 참기름,
설탕, 통깨 등으로 맛있게 양념해 넣으세요.
김치는 염도가 높으니 비빔장의 간을 줄여야 해요.
짠맛을 중화키는 삶은 달걀을 곁들이면 좋아요.

골뱅이 콩나물 비빔면 레시피 48쪽

쫄깃한 골뱅이, 아삭한 콩나물까지 더해 맛도 식감도
풍부해졌어요. 비빔장에 골뱅이 통조림 국물을 더해
감칠맛과 풍미도 업그레이드. 술안주로도 손색이 없는
한 그릇이에요.

기본 고추장 비빔면

2인분 / 15~20분

- 소면 2줌(200g)
- 오이 1/2개(또는 파프리카나 쌈무 5장, 100g)
- 쌈채소 10장(상추나 깻잎 등, 100g)
- 통깨 간 것 1큰술
- 참기름 1작은술(기호에 따라 가감)

매실고추장 비빔장
- 설탕 2큰술
- 양조간장 1큰술
- 식초 1큰술
- 매실청 2큰술
- 고추장 4큰술
- 참기름 1큰술
- 후춧가루 약간

● 이런 면도 어울려요!

메밀면　쫄면　곤약면

응용 1 김치 비빔면

2인분 / 15~20분

- 소면 2줌(200g)
- 익은 배추김치 1컵(150g)
- 달걀 1개
- 조미김 부순 것 1/2~1컵
- 참기름 1작은술(기호에 따라 가감)

김치 밑간
- 통깨 1큰술
- 참기름 1큰술
- 설탕 1/2작은술

매실고추장 비빔장
- 설탕 2큰술
- 식초 1큰술
- 매실청 2큰술
- 고추장 3큰술
- 참기름 1큰술
- 양조간장 1작은술
- 후춧가루 약간

● 이런 면도 어울려요!

메밀면　쫄면　곤약면

응용 2 골뱅이 콩나물 비빔면

2인분 / 25~30분

- 소면 2줌(200g)
- 콩나물 4줌(200g)
- 통조림 골뱅이 큰 것 1캔 (또는 꼬막 통조림, 400g)
- 쪽파 3줄기(24g)
- 소금 약간

매실고추장 비빔장
- 설탕 2큰술
- 양조간장 1큰술
- 통조림 국물 1큰술
- 식초 1큰술
- 매실청 2큰술
- 고추장 4큰술
- 참기름 1큰술
- 고춧가루 1작은술
- 후춧가루 약간

● 이런 면도 어울려요!

메밀면　쫄면　라면사리

공통

1_ 큰 볼에 비빔장 재료를 섞는다.

2_ 소면 삶을 물(10컵)을 미리 센 불에 올려 끓인다. 비빔장이나 토핑 등이 준비된 후 먹기 직전에 소면을 삶는다. 체에 밭쳐 찬물에 헹군 후 물기를 뺀다. (18쪽 참고)

고추장 비빔면

1 _ 오이는 가늘게 채 썬다.
 쌈채소는 1cm 두께로 썬다.

2 _ 비빔장이 담긴 큰 볼에 삶은 면, 쌈채소를 넣어 가볍게 버무린 후 그릇에 담는다. 오이채를 올리고 통깨 간 것, 참기름을 뿌린다.

김치 비빔면

1 _ 냄비에 달걀을 넣고 잠길 만큼의 물을 부어 센 불에서 끓어오르면 중간 불로 줄여 12분간 삶는다. 찬물에 담가 한김 식힌 후 껍질을 벗겨 2등분한다.

2 _ 배추김치는 양념을 손으로 훑어내고 굵게 다진다. 볼에 김치와 밑간 재료를 넣고 버무려 먹기 직전까지 냉장실에 둔다.

3 _ 비빔장이 담긴 큰 볼에 삶은 면, 밑간한 김치를 넣어 가볍게 버무린다. 그릇에 담고 삶은 달걀, 조미김 부순 것을 올린 후 참기름을 뿌린다.

골뱅이 콩나물 비빔면

1 _ 냄비에 콩나물, 소금, 물(1/2컵)을 넣고 뚜껑을 덮은 후 센 불에 올린다. 냄비에 김이 차면 1분간 더 익힌 후 불을 끄고 5분간 그대로 둔다.

2 _ 익힌 콩나물을 넓은 체에 펼쳐 담아 한김 식힌다. 쪽파는 송송 썬다. 골뱅이는 한입 크기로 썬다.

3 _ 비빔장이 담긴 큰 볼에 삶은 면, 콩나물, 골뱅이를 넣고 가볍게 버무린 후 그릇에 담고 쪽파를 뿌린다.

김치말이국수 레시피 52쪽

원래 '김치말이'는 시원한 김칫국물에 육수를 섞어 밥을 말아 먹는 황해도, 평안도 지역의 겨울 음식이었어요. 이 음식이 변형되고 발전해 지금의 김치말이국수가 되었지요. 멸치로 엷게 국물을 낸 후 잘 익은 김칫국물과 각종 양념을 더해 국물을 만들고 삶은 소면과 양념한 김치, 채소 등을 넣어 먹으면 맛있게 즐길 수 있답니다.

기본

열무김치말이국수 레시피 52쪽

열무김치는 익었을 때 배추김치보다 톡 쏘는 맛이
적기 때문에 진한 맛의 양념장을 더해 먹으면 좋아요.
대신 국물은 별다른 양념 없이 김칫국물만 더해
깔끔하게 만들지요. 양념장은 기호에 맞게 가감하세요.

두부 김치말이국수 레시피 52쪽

김치말이국수로 유명한 맛집의 메뉴를
집에서 만들어보세요. 기본 김치말이국수에
으깬 두부, 깻잎, 참기름, 통깨 등을
넉넉히 더해 푸짐하답니다.

기본 김치말이국수 + 응용1 두부 김치말이국수

2인분 / 25~30분
(+ 국물 차갑게 식히기 3시간)

- 소면 2줌(200g)
- 익은 배추김치 1/2컵(75g)
- 오이 1/4개(50g)
- 달걀 1개
- 참기름 약간
- 통깨 간 것 약간

김치 양념
- 참기름 1큰술
- 통깨 간 것 1작은술

멸치 다시마국물
- 국물용 멸치 10마리
- 다시마 5×5cm 4장
- 대파 20cm
- 물 4컵(800㎖)

국물 양념
- 국간장 1큰술
- 식초 1/2큰술
- 고춧가루 2작은술
- 설탕 1작은술
- 소금 1/3작은술
- 다진 마늘 1작은술
- 김칫국물 1컵(200㎖)

두부 김치말이국수에 추가되는 토핑
- 부침용 두부 1팩(작은 것, 210g)
- 깻잎 4장

● 이런 면도 어울려요!

메밀면　곤약면

응용2 열무김치말이국수

2인분 / 25~30분
(+ 국물 차갑게 식히기 3시간)

- 소면 2줌(200g)
- 익은 열무김치 2/3컵(100g)
- 열무김칫국물 1컵(200㎖)
- 참기름 약간
- 통깨 간 것 약간

멸치 다시마국물
- 국물용 멸치 10마리
- 다시마 5×5cm 4장
- 대파 20cm
- 물 4컵(800㎖)

양념장
- 설탕 1큰술
- 통깨 간 것 1큰술
- 고추장 2큰술
- 국간장 1작은술
- 다진 마늘 1/2작은술
- 후춧가루 약간

● 이런 면도 어울려요!

메밀면　곤약면

공통

1_ 달군 냄비에 멸치를 넣고 중약 불에서 2분간 볶는다.

2_ 나머지 국물 재료를 넣고 10분간 끓인다. 체에 밭쳐 국물을 준비한 후 실온에서 완전히 식힌다. ＊ 최종 국물의 양은 3컵(600㎖)이며 부족한 경우 물을 더한다.

3_ 소면 삶을 물(10컵)을 미리 센 불에 올려 끓인다. 국물이나 토핑 등이 준비된 후 먹기 직전에 소면을 삶는다. 체에 밭쳐 찬물에 헹군 후 물기를 뺀다. (18쪽 참고)

김치말이국수

1_ 멸치 다시마국물에 국물 양념 재료를 넣는다. 이때 김칫국물은 고운 체나 면보에 걸러 맑은 국물만 넣는다. 냉장실에서 차갑게 식힌다. * 번거로워도 김칫국물을 체나 면보에 걸러 넣어야 깔끔하고 맑은 국물이 된다.

2_ 냄비에 달걀을 넣고 잠길 만큼의 물을 부어 센 불에서 끓어오르면 중간 불로 줄여 12분간 삶는다. 찬물에 담가 한김 식힌 후 껍질을 벗겨 2등분한다.

3_ 오이는 가늘게 채 썬다. 배추김치는 양념을 손으로 훑어내고 1cm 두께로 썰어 김치 양념에 버무린다.

두부 김치말이국수

4_ 그릇에 삶은 면을 담고 시원해진 국물을 붓는다. 김치, 오이, 삶은 달걀을 올리고 기호에 따라 참기름, 통깨 간 것을 뿌린다.

1_ 김치말이국수와 1~3번은 동일하다. 토핑으로 추가되는 두부는 키친타월로 감싸 물기를 없애고 전자레인지에서 1분간 익힌 후 한김 식힌다. 칼 옆면으로 눌러가며 으깬다.

2_ 깻잎은 돌돌 말아 가늘게 채 썬다. 그릇에 삶은 면을 담고 시원해진 국물을 붓는다. 모든 토핑을 올린 후 참기름, 통깨 간 것을 넉넉히 뿌린다. 단, 달걀은 기호에 따라 넣거나 뺀다.

열무김치말이국수

1_ 멸치 다시마국물에 열무김칫국물을 넣는다. 이때 김칫국물은 고운 체나 면보에 걸러 맑은 국물만 넣는다. 냉장실에서 차게 식힌다.

2_ 열무김치는 양념을 손으로 훑어내고 5cm 길이로 썬다. 볼에 양념장 재료를 섞는다.

3_ 그릇에 삶은 면을 담고 시원해진 국물을 붓는다. 열무김치, 양념장을 올리고 기호에 따라 참기름, 통깨 간 것을 뿌린다.

바지락 칼국수 레시피 56쪽

칼국수는 조선시대 중후반에 먹던 음식으로 주로 꿩고기육수를 활용했어요. 바지락 칼국수는 한국전쟁 이후 미국 원조로 대량 유입된 밀가루와 서해안의 바지락이 만나 탄생한 음식인데요, 이제는 전국 어디서나 맛볼 수 있지요. 바지락 칼국수의 국물을 바지락으로만 내려면 어마어마하게 많은 양을 넣어야 해요. 그래서 멸치, 다시마, 채소 등으로 맑게 밑국물을 낸 후 적정량의 바지락을 넣어 시원한 맛을 더하는 것이 좋아요. 바지락은 데치듯 살짝만 끓여야 질기지 않아 살까지 맛있게 먹을 수 있답니다. 바지락에 따라 짠맛이 달라지니 맛을 본 후 소금으로 간을 맞추고 기호에 따라 청양고추를 더하세요.

기본

바지락 칼국수에 어울리는 채소들

냉이

냉이는 지저분한 잎을 떼어내고 뿌리에 붙은 불순물을 긁어낸 후 끓는 물에 30초간 데친다. 찬물에 헹궈 물기를 짠 후 한입 크기로 썬다. 과정 11번(57쪽)에 다른 채소들과 함께 넣어 익힌다.

봄동(또는 얼갈이배추)

봄동은 잎을 떼어내 씻은 후 한입 크기로 썬다. 과정 11번(57쪽)에 다른 채소들과 함께 넣어 익힌다.

응용 1

미나리

미나리는 씻은 후 3cm 길이로 썬다. 살짝 익혀야 질기지 않고 향도 살아있기 때문에 과정 12번(57쪽)에 바지락과 함께 넣는다.

버섯(표고, 새송이, 느타리)

버섯은 손질해서 한입 크기로 먹기 좋게 썬다. 과정 11번(57쪽)에 다른 채소들과 함께 넣어 익힌다.

바지락 칼국수

2인분 / 60~70분
(+ 조개 찬물에 담가두기 30분)

- 생칼국수면 2줌(300g)
- 애호박 1/5개(약 50g)
- 양파 1/4개(50g)
- 대파 20cm
- 홍고추나 풋고추 1개(또는 청양고추)
- 소금 약간
- 후춧가루 약간

조개국물
- 해감 바지락 800g
  (물과 함께 담긴 봉지 무게)
- 국물용 멸치 10마리
- 다시마 5×5cm 8장
- 양파 1/2개(100g)
- 대파 20cm 2대
- 청주 1큰술
- 물 12컵(2.4ℓ)

● **이런 면도 어울려요!**

생소면   중화면

1 _ 해감 바지락은 찬물에 넣고 비벼가며 씻는다. 맑은 물이 나올 때까지 헹구면서 씻는다.

2 _ 찬물에 30분 정도 담가 이물질과 짠맛을 제거한 후 체에 밭쳐 물기를 뺀다.

3 _ 달군 냄비에 멸치를 넣고 중약 불에서 2분간 볶는다. 물(12컵)을 붓고 다시마, 양파, 대파를 넣어 20분간 끓인다.

4 _ 애호박, 양파는 0.5cm 두께로 채 썬다. 대파, 고추는 어슷 썬다.

5 _ ③의 건더기를 체로 건진 후 바지락, 청주를 넣고 7~8분간 끓인다.

6 _ 바지락 입이 벌어지면 불을 끈다.

7_ 바지락은 체로 건진다. 국물에 바지락 이물질이 섞여 있다면, 잠시 두어 가라앉힌 후 국물만 살살 따라내면 된다.
* 최종 조개국물의 양은 10컵(2ℓ)이며 부족한 경우 물을 더한다.

8_ 바지락의 반 정도 분량만 살을 발라낸다.
* 먹기 편하게 반 정도는 살을 발라내서 넣고, 나머지는 푸짐하게 보이도록 껍질째 넣는다.

9_ 생칼국수면은 탈탈 털어 겉에 묻은 밀가루를 제거한다.
* 좀 더 깔끔한 맛을 원하면 생칼국수면을 물에 살짝 헹군다.

10_ ⑦의 조개국물이 담긴 냄비를 센 불에서 끓인다. 끓어오르면 생칼국수면을 넣고 젓가락으로 서로 붙지 않도록 저어준다.

11_ 애호박, 양파, 대파, 고추를 넣고 4분간 끓인다.

12_ 바지락(껍질 붙어있는 것과 발라내서 살만 있는 것 모두)을 넣고 1분간 끓인다. 후춧가루를 넣고 소금으로 간을 맞춘 후 그릇에 담는다.

● 해감되지 않은 조개를 샀다면?

1_ 조개를 찬물에 넣고 비벼가며 씻는다. 맑은 물이 나올 때까지 헹구면서 씻는다. 골이 깊거나 큰 조개는 솔로 세척하며 씻는다.

2_ 불투명한 볼에 물(10컵), 소금(4큰술)을 섞고 조개를 체에 밭친 상태로 넣는다. * 체에 밭쳐 해감하면 조개가 뱉은 이물질이 바닥에 가라앉아서 해감 후 조개를 씻을 때 수월하며 조개가 다시 이물질을 먹는 경우도 줄어든다.

3_ 쿠킹 포일이나 쟁반으로 덮어 서늘한 곳에서 2~4시간 동안 해감한 후 흐르는 물에 2~3회 헹궈 체에 밭쳐 물기를 뺀다.

미역 바지락 칼국수

미역과 바지락이 만나 바다의 향기가 가득한 칼국수가 탄생했어요. 미역은 들기름에 충분히 볶아야 부드럽고 맛있답니다. 껍질 벗긴 들깻가루를 더해도 잘 어울리니 기호에 따라 추가하세요.

2인분 / 65~75분
(+ 조개 찬물에 담가두기 30분)

- 생칼국수면 2줌(300g)
- 말린 실미역 2~3줌(20g)
- 다진 마늘 1/2큰술
- 국간장 2큰술
- 들기름 1큰술(또는 참기름)

조개국물
- 해감 바지락 800g
  (물과 함께 담긴 봉지 무게)
- 국물용 멸치 10마리
- 다시마 10×10cm 2장
- 양파 1/2개(100g)
- 대파 20cm 2대
- 물 13컵(2.6ℓ)

● 이런 면도 어울려요!

생소면   중화면

1_ 해감 바지락을 깨끗하게 손질해 조개국물을 낸다. 바지락의 반 정도 분량은 껍질째, 나머지 반은 살만 발라내 준비한다. (56~57쪽 1~8번 과정 참고)
* 최종 조개국물의 양은 11컵(2.2ℓ)이며 부족한 경우 물을 더한다.

2_ 미역은 잠길 만큼의 찬물에 넣고 10분간 불린다. 바락바락 주물러 씻은 후 물기를 꼭 짜고 한입 크기로 썬다.

3_ 달군 냄비에 들기름을 두르고 미역, 다진 마늘, 국간장을 넣고 중약 불에서 5분간 볶는다.

4_ ①의 조개국물을 붓고 센 불에서 끓어오르면 중약 불로 줄여 15분간 끓인다.

5_ 생칼국수면을 탈탈 털어 겉에 묻은 밀가루를 제거한다. 끓는 국물에 넣고 센 불에서 젓가락으로 서로 붙지 않게 저어가며 4분간 끓인다.
* 좀 더 깔끔한 맛을 원하면 생칼국수면을 물에 살짝 헹군다.

6_ 바지락(껍질 붙어있는 것과 발라내서 살만 있는 것 모두)을 넣고 1분간 끓인 후 그릇에 담는다.

닭칼국수

바지락 칼국수가 서해안의 국수라면 닭칼국수는
경상북도의 국수예요. 닭에 물을 넉넉히 붓고
푹 끓인 후 별다른 부재료 없이 칼국수면만 넣고 끓인
담백하면서도 든든한 보양국수지요. 브랜드 제품과
시장에서 파는 칼국수면의 염도가 다르니 맛을 보고
마지막에 간을 맞추세요. 삶는 시간도 조금씩 다르니
포장지도 꼭 확인하세요.

2인분 / 70~80분

- 생칼국수면 2줌(300g)
- 닭볶음탕용 1팩(1kg)
- 청주 2큰술(닭 데침용)
- 대파 20cm
- 다진 마늘 1작은술
- 소금 1/2큰술
- 후춧가루 약간

닭육수 재료

- 마늘 10쪽
- 대파 20cm 2대
- 통후추 10알
- 물 12컵(2.4ℓ)

● **이런 면도 어울려요!**

생소면　　중화면

1 _ 냄비에 닭 데칠 물(10컵)을 붓고 센 불에서 끓어오르면 닭, 청주(2큰술)를 넣고 5분간 데친다.

2 _ 데친 닭을 체에 밭쳐 흐르는 물에 씻어 남은 불순물을 제거한다.

3 _ 냄비에 데친 닭, 닭육수 재료를 넣고 센 불에서 끓어오르면 중약 불로 줄여 뚜껑을 덮고 50분간 끓인다.

4 _ 체에 밭쳐 국물과 건더기를 분리한다. 대파는 송송 썬다. * 최종 국물의 양은 10컵(2ℓ)이며 부족한 경우 물을 더한다.

5 _ 냄비에 닭육수를 붓고 닭을 넣어 센 불에서 끓어오르면 생칼국수면을 탈탈 털어 겉에 묻은 밀가루를 제거한 후 넣는다. * 좀 더 깔끔한 맛을 원하면 생칼국수면을 물에 살짝 헹군다.

6 _ 생칼국수면이 서로 붙지 않도록 젓가락으로 저어가며 4분간 끓인 후 대파, 다진 마늘, 소금, 후춧가루를 넣고 1분간 끓인다. 간이 부족하면 소금으로 맞춘 후 그릇에 담는다.

김치 감자 닭칼국수

서울 동대문에 있는 유명한 닭한마리 맛집의 메뉴를 국수로 개발했어요.
배추김치를 넣어 칼칼하고 시원하게 먹는 김치 칼국수인데요, 감자까지 들어가 건더기가 워낙 많으니
닭은 익힌 후 살만 발라내 넣도록 하세요. 닭육수 본연의 맛을 살리기 위해 김칫국물은 최소한으로 넣었고
칼칼한 맛을 위해 고춧가루를 사용했어요. 더 매운맛을 원하면 청양고추를 넣으세요.

2인분 / 80~90분

- 생칼국수면 2줌(300g)
- 닭볶음탕용 1팩(1kg)
- 청주 2큰술(닭 데침용)
- 감자 1개(200g)
- 익은 배추김치 1컵(150g)
- 대파 20cm
- 김칫국물 1/2컵(100㎖)
- 고춧가루 2큰술
- 국간장 2큰술
- 다진 마늘 1/2큰술
- 소금 약간
- 후춧가루 약간

닭육수 재료
- 마늘 10쪽
- 대파 20cm 2대
- 통후추 10알
- 물 13컵(2.6ℓ)

● **이런 면도 어울려요!**

생소면   중화면

1_ 냄비에 닭 데칠 물(10컵)을 붓고 센 불에서 끓어오르면 닭, 청주(2큰술)를 넣고 5분간 데친다. 데친 닭을 체에 밭쳐 흐르는 물에 씻어 남은 불순물을 제거한다.

2_ 냄비에 데친 닭, 닭육수 재료를 넣고 센 불에서 끓어오르면 중약 불로 줄여 뚜껑을 덮고 50분간 끓인다. 체에 밭쳐 국물과 건더기를 분리한다.
* 최종 국물의 양은 11컵(2.2ℓ)이며 부족한 경우 물을 더한다.

3_ 닭은 한김 식힌 후 살만 발라내 먹기 좋게 찢는다.

4_ 감자는 사방 4~5cm 크기로 큼직하게 썰고, 대파는 송송 썬다. 배추김치는 손으로 양념을 훑어낸 후 5~7cm 길이로 썬다.

5_ 냄비에 닭육수, 닭살, 감자, 배추김치, 김칫국물, 고춧가루, 국간장, 다진 마늘을 넣고 센 불에서 끓어오르면 중간 불로 줄여 10분간 끓인다.

6_ 센 불로 올려 바글바글 끓어오르면 생칼국수면을 탈탈 털어 넣고 서로 붙지 않도록 젓가락으로 저어가며 4분간 끓인다. 대파, 후춧가루를 넣고 1분간 끓인 후 소금으로 간을 맞춘다.
* 좀 더 깔끔한 맛을 원하면 생칼국수면을 물에 살짝 헹군다.

숙주 닭다리칼국수

가장 감칠맛이 좋고 부드러운 닭다리를 노릇하게 구워 깊은 맛의 육수를 냈어요.
여기에 닭다리의 살만 발라 칼국수면과 함께 넣고 끓였지요. 불 맛이 나게 볶은 채소를
토핑으로 올려 함께 먹으면 이국적이면서 정말 맛있답니다.

2인분 / 80~90분

- 생칼국수면 2줌(300g)
- 닭다리 2팩(1kg)
- 숙주 4줌(200g)
- 당근 1/4개(50g)
- 대파 20cm
- 국간장 1큰술
- 다진 마늘 1작은술
- 소금 약간 + 1작은술
- 후춧가루 약간
- 식용유 1큰술

닭육수 재료
- 마늘 10쪽
- 대파 20cm 2대
- 통후추 10알
- 물 12컵(2.4ℓ)

● 이런 면도 어울려요!

생소면

중화면

1_ 당근은 가늘게 채 썰고 대파는 송송 썬다. 닭다리는 깊게 칼집을 넣어 뼈가 보이도록 벌린다.

2_ 달군 냄비에 닭다리를 넣고 센 불에서 뒤집어가며 5분간 굽는다. 닭육수 재료를 넣고 끓어오르면 중약 불로 줄여 뚜껑을 덮고 50분간 끓인다. ✳ 냄비가 작다면 닭다리를 두 번에 나누어 굽는다.

3_ 체에 받쳐 국물과 건더기를 분리한 후 닭다리는 한김 식혀 살만 발라낸다.
✳ 최종 국물의 양은 10컵(2ℓ)이며 부족한 경우 물을 더한다.

4_ 깊은 팬을 달궈 식용유를 두른 후 당근, 대파를 넣고 중간 불에서 1분간 볶는다. 센 불로 올려 숙주, 소금(약간)을 넣고 2분간 볶은 후 불을 끈다. 후춧가루(약간)를 넣는다.

5_ 냄비에 닭육수, 닭다릿살, 국간장, 다진 마늘, 소금(1작은술), 후춧가루(약간)를 넣고 센 불에서 끓인다.

6_ 국물이 끓어오르면 생칼국수면을 탈탈 털어 넣고 서로 붙지 않도록 젓가락으로 저어가며 5분간 끓인다. 그릇에 담고 볶은 채소를 올린다. ✳ 좀 더 깔끔한 맛을 원하면 생칼국수면을 물에 헹군다.

닭칼국수를 더 맛있게 해주는 2가지 곁들임 메뉴

양파절임

아삭한 양파를 알싸한 겨자 간장양념에 절인 메뉴.
닭고기와 함께 먹으면 맛있어요.

- 양파 1개(200g)

양념
- 설탕 1큰술
- 양조간장 2큰술
- 식초 1큰술
- 생수 2큰술
- 연겨자 1/2~1작은술
- 후춧가루 약간

1 _ 양파는 얇게 채 썰어 찬물에 10분간 담가
매운맛을 뺀 후 체에 밭쳐 물기를 제거한다.
2 _ 큰 볼에 양념 재료를 섞은 후
양파를 넣어 가볍게 절인다.

부추겉절이

부추는 양기가 풍부해 닭고기와 함께 먹으면
보양 효과를 극대화시키지요. 닭칼국수에 넣어서
섞어 먹어도 맛있어요.

- 부추 1줌(50g)

양념
- 고춧가루 1큰술
- 양조간장 1큰술
- 매실청이나 올리고당 1큰술
- 들기름이나 참기름 1/2큰술
- 통깨 1작은술
- 후춧가루 약간

1 _ 부추는 3cm 길이로 썬다.
2 _ 큰 볼에 양념 재료를 섞은 후
부추를 넣어 가볍게 버무린다.

Chapter 1 기본 국수 + 응용 국수 ___ 67

가쓰오우동

일본의 대표 국수인 우동은 대부분 다시마, 가쓰오부시(가공한 가다랭이포) 등으로 맛을 낸 국물에 넣어 먹습니다. 사누끼, 간사이, 홋카이도는 우동으로 특히 유명한 지역이라 그 이름을 붙인 제품들이 많지요. 시판 제품도 좋지만, 집에서 천연 재료로 직접 국물을 내면 우동을 더 건강하고 맛있게 즐길 수 있답니다. 파는 것 못지 않은 맛을 내기 위해 국물에는 말린 표고버섯을 추가했고 간은 참치액으로 맞췄어요.

기본

2인분 / 25~30분

- 우동면 2봉(380g)
- 사각어묵 2개(또는 다른 어묵)
- 쑥갓 약간(생략 가능)
- 쪽파 2줄기
- 조미김 부순 것 1/2컵
- 소금 약간
- 후춧가루 약간

가쓰오부시 국물

- 다시마 5×5cm 12장
- 말린 표고버섯 3개
- 가쓰오부시 4컵(20g)
- 양조간장 2큰술
- 참치액 1큰술
- 물 8컵(1.6ℓ)

● **이런 면도 어울려요!**

소면 　 쌀국수면

1 _ 냄비에 물(8컵), 다시마, 말린 표고버섯, 양조간장, 참치액을 넣고 중간 불에서 끓인다. 끓어오르면 불을 끄고 다시마는 건진다.

2 _ 가쓰오부시를 넣고 5분간 우린 후 체에 밭쳐 국물과 건더기를 분리한다.

＊ 최종 국물의 양은 6컵(1.2ℓ)이며 부족한 경우 물을 더한다.

3 _ 쪽파는 송송 썬다.
사각어묵은 길이로 두 번 접어 나무꼬치에 지그재그로 꽂는다.

4 _ 우동면 삶을 물(5컵)을 센 불에서 끓인다. 끓으면 우동면을 넣고 2분 30초~3분간 삶아 체에 밭쳐 찬물에 헹군 후 물기를 뺀다. (19쪽 참고)

5 _ ②의 국물을 센 불에서 끓인다. 끓어오르면 어묵을 넣어 2~3분간 끓인 후 후춧가루를 넣고 소금으로 간을 맞춘다. 그릇에 삶은 면을 담고 국물을 붓는다. 어묵, 쑥갓, 쪽파, 조미김 부순 것을 곁들인다.

＊ 매콤한 맛을 원하면 고춧가루를 더한다.

응용 1

새우튀김
튀김우동의 주인공. 국물에 살짝 적셔 먹는 맛이 별미다. 시판 냉동제품을 활용하거나 큰 사이즈 새우의 몸통 껍질만 벗겨 튀김옷(136쪽)을 입혀 튀긴다.

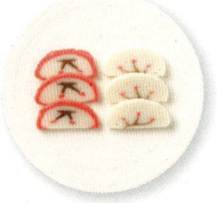

가마보코(일본식 찐 어묵)
모양이 예뻐 얇게 썰어 더하면 비주얼을 업그레이드시킨다. 생선살의 함량이 많아 일반 어묵보다 쫄깃하고, 맛이 담백해 국물 맛에 영향을 주지 않는다.

게맛살
가성비가 참 좋은 토핑. 결대로 찢어 국물 위에 올려 면과 함께 먹으면 특유의 감칠맛이 더해져 포장마차 우동 같은 느낌을 준다.

일본식 달걀말이
달걀에 다시마 우린 물, 맛술을 넣고 곱게 풀어 체에 한 번 내린 후 만든다. 특유의 단맛과 감칠맛이 있고 식감이 부드러워 우동과 잘 어울린다.

우동 맛을 다양하게 해주는
8가지 토핑

채소튀김
새우튀김 못지않게 우동에 잘 어울리는 것이 바로 채소튀김. 양파, 단호박, 아스파라거스를 추천한다. 튀김옷은 136쪽을 참고할 것.

미역
미역을 토핑으로 올린 우동을 '와카메우동'이라고 부른다. 미역은 물에 불려 국물에 같이 넣고 끓이거나 살짝 데쳐 토핑으로 올린다.

유부
튀긴 두부인 유부를 얇게 썰어 올리면 공기층에 국물이 스며 씹을수록 감칠맛이 느껴진다. 단, 초밥용으로 조미된 유부가 아닌 양념 없는 냉동 유부를 쓸 것.

김치무침
잘 익은 김치의 양념을 훑어내거나 씻어서 굵게 다져 우동에 곁들이면 특유의 맛이 더해져 한국적인 우동을 즐길 수 있다.

응용 2

꽃새우우동

튀김알갱이를 듬뿍 올려주는 '다누키우동'을 좋아하는 분들이 많은데요. 깔끔한 우동국물에 고소한 기름 맛이 더해지면 우동이 더 맛있어지기 때문이에요. 이 우동에는 꽃새우를 기름에 튀기듯 볶아 곁들였답니다. 국물 낼 때도 꽃새우를 활용했지요. 덕분에 새우 풍미를 제대로 즐길 수 있는 색다른 우동이 되었어요.

2인분 / 40~50분

- 우동면 2봉(380g)
- 말린 꽃새우(또는 두절 건새우) 1컵(30g)
- 홍고추 1/2개(또는 풋고추)
- 쑥갓 약간(생략 가능)
- 감자전분 2큰술
- 청주 1큰술
- 소금 약간
- 후춧가루 약간
- 식용유 4큰술

국물
- 말린 꽃새우(또는 두절 건새우) 1컵(30g)
- 국물용 멸치 10마리
- 다시마 5×5cm 4장
- 청양고추 2개
- 대파 20cm 2대
- 양조간장 2큰술
- 물 9컵(1.8ℓ)

● **이런 면도 어울려요!**

소면    쌀국수면

1 _ 홍고추는 송송 썬다. 국물 재료의 청양고추는 2등분한다.

2 _ 달군 냄비에 꽃새우, 멸치를 넣고 중약 불에서 2분간 볶는다. 나머지 국물 재료를 넣고 20분간 끓인 후 체로 건더기를 건진다. ✱ 최종 국물의 양은 6컵(1.2ℓ)이며 부족한 경우 물을 더한다.

3 _ 볼에 꽃새우, 감자전분, 청주를 넣고 꾹꾹 눌러 골고루 묻힌다.

4 _ 달군 팬에 식용유를 두르고 ③을 넣어 중간 불에서 3분간 볶은 후 접시에 덜어둔다.

5 _ 우동면 삶을 물(5컵)을 센 불에서 끓인다. 끓으면 우동면을 넣고 2분 30초~3분간 삶아 체에 밭쳐 찬물에 헹군 후 물기를 뺀다. (19쪽 참고)

6 _ ②의 국물을 센 불에서 끓인다. 끓어오르면 후춧가루를 넣고 소금으로 간을 맞춘다.

7 _ 그릇에 삶은 면을 담고 ⑥을 붓는다. 볶은 꽃새우, 홍고추, 쑥갓을 올린다.

2

3

해물 야끼우동

국수요리 중 가장 간단한 것이 '볶음면'인데요, 볶음에 최적화된 국수가 바로 우동면이에요. 면발이 탱글하고 비교적 잘 불지 않기 때문이지요.
볶음우동은 '야끼우동'이라고도 부르는데 일본어로 '야끼'는 '볶는다'는 의미랍니다. 우동면을 볶을 때는 면발이 굵기 때문에 양념은 조금 강하게 하는 것이 좋아요.
해산물은 물이 덜 나오고 식감도 살리기 위해 살짝 데쳐서 볶으세요.

기본

2~3인분 / 25~35분

- 우동면 2봉(380g)
- 오징어 1마리
  (270g, 손질 후 180g)
- 냉동 생새우살 10마리(150g)
- 양배추 2장(손바닥 크기, 60g)
- 베이컨 긴 것 4장
- 쪽파 2줄기(생략 가능)
- 청주 1큰술(해물 데침용)
- 다진 마늘 1큰술
- 식용유 2큰술
- 참기름 1작은술
- 가쓰오부시 1/2컵
  (2g, 기호에 따라 가감)

데리야키 양념
- 설탕 1큰술
- 양조간장 2와 1/2큰술
- 맛술 2큰술
- 후춧가루 약간

● **이런 면도 어울려요!**

쌀국수면 파스타면 라면사리

1_ 냉동 생새우살은 찬물에 10분 정도 담가 해동한다.

2_ 오징어는 가위로 몸통을 갈라 내장, 투명한 뼈, 눈, 입(다리 안쪽)을 제거한다. 몸통 안쪽에 우물정(井)자로 칼집을 낸 후 길이로 2등분해 1cm 두께로 썬다. 다리는 빨판을 제거한 후 5cm 길이로 썬다. (103쪽 참고)

3_ 끓는 물(3컵)에 새우살, 오징어, 청주를 넣어 1분간 데친 후 체에 밭쳐 물기를 뺀다. 양배추, 베이컨은 1cm 두께로 썬다. 쪽파는 송송 썬다. 볼에 양념 재료를 섞는다.

4_ 우동면 삶을 물(5컵)을 센 불에서 끓인다. 끓으면 우동면을 넣고 1분 30초(포장지 적힌 시간에서 1분 빼기) 삶아 체에 밭쳐 찬물에 헹군 후 물기를 뺀다. (19쪽 참고)

5_ 깊은 팬을 달궈 식용유를 두르고 다진 마늘을 넣어 중간 불에서 1분간 볶는다. 양배추, 베이컨을 넣어 1분 더 볶는다.

6_ ③의 해물을 넣어 1분, 삶은 면을 넣어 30초간 볶는다. 센 불로 올려 양념을 넣고 1분간 볶은 후 불을 끄고 참기름을 넣어 가볍게 섞는다. 그릇에 담고 쪽파와 가쓰오부시를 뿌린다.

매콤 상하이 야끼우동

상하이식 볶음우동의 특징은 대표적인 중화소스인 굴소스와 매콤한 고추기름으로 맛을 낸다는 것이에요.
중식에 많이 쓰는 돼지고기, 청경채, 대파 등도 활용해 일본식과 또다른 이국적인 매력의 야끼우동을 만들어보세요.
반숙으로 익힌 달걀을 톡 터뜨려 함께 먹으면 매운맛이 순화되면서 고소한 맛이 더해져 더 맛있어요.

2인분 / 25~30분

- 우동면 2봉(380g)
- 다진 돼지고기 150g
- 청경채 2개(80g)
- 피망 1개(100g)
- 마늘 5쪽
- 대파 10cm
- 청양고추 1개
- 달걀 2개
- 식용유 1큰술 + 1큰술

돼지고기 밑간
- 양조간장 1큰술
- 청주 1큰술
- 다진 마늘 1작은술
- 후춧가루 약간

매콤 굴소스 양념
- 굴소스 1큰술
- 고추기름 2큰술
- 설탕 1작은술
- 후춧가루 약간

● 이런 면도 어울려요!

쌀국수면　에그누들　라면사리

1 _ 다진 돼지고기는 키친타월에 감싸 눌러서 핏물을 제거한 후 밑간에 버무린다. 청경채는 길게 4등분하고 피망은 0.5cm 두께로 채 썬다. 마늘은 편으로 썰고 대파, 청양고추는 송송 썬다. 볼에 양념 재료를 섞는다.

2 _ 달군 팬에 식용유(1큰술)를 두르고 달걀을 넣어 중간 불에서 1분 30초간 반숙으로 익혀 덜어둔다.

3 _ 우동면 삶을 물(5컵)을 센 불에서 끓인다. 끓으면 우동면을 넣고 1분 30초(포장지 적힌 시간에서 1분 빼기) 삶아 체에 밭쳐 찬물에 헹군 후 물기를 뺀다. (19쪽 참고)

4 _ 깊은 팬을 달궈 식용유(1큰술)를 두르고 마늘, 대파, 청양고추를 넣어 약한 불에서 2분간 볶는다.

5 _ 돼지고기를 넣고 중간 불로 올려 2분간 볶는다. 피망을 넣어 1분간 볶는다.

6 _ 삶은 면을 넣어 30초, 센 불로 올려 양념을 넣어 1분간 볶는다. 청경채를 넣어 가볍게 섞은 후 불을 끈다. 그릇에 담고 반숙 달걀프라이를 올린다.

응용 2

닭고기 버섯카레 야끼우동

닭고기, 버섯, 양파를 듬뿍 넣고 카레가루로 양념한 아주 친근한 맛의 야끼우동이에요.
카레가루에는 간장, 설탕 등을 더해 입에 착 감기는 입체적인 맛을 냈어요.
색깔이 단조로우니 토핑으로 송송 썬 파, 마늘칩, 수란 등을 올리면 좋아요. 아이들이 특히 좋아할 국수랍니다.

2인분 / 25~35분

- 우동면 2봉(380g)
- 닭다릿살 2쪽(180g)
- 양파 1개(200g)
- 양송이버섯 5개
  (또는 다른 버섯, 100g)
- 송송 썬 대파 5cm(생략 가능)
- 식용유 1큰술

닭고기 밑간
- 맛술 1큰술
- 소금 약간
- 후춧가루 약간

카레 양념
- 시판 카레가루 2큰술
- 설탕 1/2큰술
- 양조간장 1큰술
- 물 3큰술
- 후춧가루 약간

● **이런 면도 어울려요!**

쌀국수면 파스타면 라면사리

1_ 양파는 0.5cm 두께로 채 썰고, 양송이버섯은 기둥을 제거하고 4등분한다.

2_ 닭다릿살은 한입 크기로 썬 후 밑간에 버무린다. 볼에 양념 재료를 섞는다.

3_ 우동면 삶을 물(5컵)을 센 불에서 끓인다. 끓으면 우동면을 넣고 1분 30초(포장지 적힌 시간에서 1분 빼기) 삶아 체에 밭쳐 찬물에 헹군 후 물기를 뺀다. (19쪽 참고)

4_ 깊은 팬을 달궈 식용유를 두르고 양파를 넣어 중간 불에서 3분간 볶는다.

5_ 닭다릿살을 넣어 3분간 볶은 후 양송이버섯을 넣어 1분간 볶는다.

6_ 삶은 면을 넣어 30초, 센 불로 올려 양념을 넣고 1분간 볶는다. 그릇에 담고 송송 썬 대파를 뿌린다.

물냉면 레시피 80쪽

쇠고기 육수로만 깔끔하게 맛을 낸 평양냉면 스타일의 물냉면.
가장 중요한 냉면국물은 양지와 사태, 두 부위를 섞고
다양한 채소를 더해 효율적으로 깊은 맛을 냈어요.
평양냉면 맛집들 중에는 쇠고기만 사용해 육수를 내는 곳도 있고,
닭고기와 돼지고기를 섞어 쓰는 집도 있어요. 음식만화
〈식객〉에 소개된 평양냉면집 '봉피양'은 세 가지 고기를 모두
섞는 것으로 알려져 있지요. 기호에 따라 육수에 동치미국물을
섞어도 맛있어요. 냉면국물은 식사 1시간 전에 냉동실에
넣어두면 살얼음이 낀 상태가 되어 시원하게 즐길 수 있답니다.

매콤한 물냉면 레시피 80쪽

기본 물냉면에 액젓으로 맛을 낸
매콤한 양념장을 더했어요. 매운 맛을
좋아하는 냉면 덕후들에게 추천해요.

중화풍 냉면 레시피 80쪽

여름 별미 중 하나인 중식 냉면을 기본 물냉면을 응용해 만들었어요.
보통 중식 냉면은 닭육수로 만들지만 쇠고기 육수에 흑초, 땅콩버터,
연겨자를 더하고 새우, 오징어, 오이 등을 토핑으로 올리면
우리 입맛에도 잘 맞는 깔끔한 중화풍 냉면이 완성된답니다.

기본 물냉면 + 응용 1 매콤한 물냉면

3인분 / 90~100분 (+ 국물 차갑게 식히기 5시간)

- 냉면 3봉(450g)
- 삶은 고기(육수 낸 것) 50g
- 달걀 2개
- 무절임 50g(88쪽 참고)
- 배 1/10개(40g)
- 소금 1과 1/2큰술
- 설탕 1/2큰술
- 식초 약간(기호에 따라 가감)
- 연겨자 약간(기호에 따라 가감)

매콤한 물냉면에 곁들이는 매운 양념장

- 고춧가루 2큰술
- 설탕 1과 1/2큰술
- 식초 1큰술
- 액젓(멸치 또는 까나리) 1작은술
- 다진 마늘 1작은술
- 후춧가루 약간

쇠고기 육수

- 쇠고기 양지 150g
- 쇠고기 사태 150g
- 무 100g(지름 10cm, 두께 1cm 크기)
- 대파 20cm 2대
- 마늘 10쪽
- 풋고추 3개
- 다시마 5×5cm 8장
- 물 11컵(2.2ℓ)

● **이런 면도 어울려요!**

소면　　메밀면

응용 2 중화풍 냉면

3인분 / 80~90분 (+ 국물 차갑게 식히기 5시간)

- 냉면 3봉(450g)
- 삶은 고기(육수 낸 것) 50g
- 냉동 생새우살 7마리(105g)
- 당근 1/4개(50g)
- 오이 1/4개(50g)
- 소금 1과 1/2큰술
- 설탕 1/2큰술
- 흑초 4큰술(기호에 따라 가감)
- 땅콩버터 1큰술(기호에 따라 가감)
- 연겨자 1작은술(기호에 따라 가감)

쇠고기 육수

- 쇠고기 양지 150g
- 쇠고기 사태 150g
- 무 100g(지름 10cm, 두께 1cm 크기)
- 대파 20cm 2대
- 마늘 10쪽
- 풋고추 3개
- 다시마 5×5cm 8장
- 물 11컵(2.2ℓ)

● **이런 면도 어울려요!**

소면　　메밀면

[공통]

1_ 육수용 쇠고기 양지와 사태는 찬물에 30분간 담가 핏물을 뺀다.
* 중간중간 물을 갈아주면 좋다.

2_ 냄비에 육수 재료를 넣고 중간 불에서 끓어오르면 다시마는 건지고 중약 불로 줄여 뚜껑을 덮고 50분간 끓인다.
* 최종 국물의 양은 7과 1/2컵(1.5ℓ)이며 부족한 경우 물을 더한다.

3_ 체에 젖은 면보를 올리고 받쳐 국물과 건더기를 분리한다.
* 면보를 사용해야 깔끔한 국물이 완성된다.

4_ 고기는 한김 식힌 후 0.2cm 두께로 비스듬히 편 썬다. * 냉면 고명으로 쓰고 남은 고기는 89쪽의 편육무침에 활용한다.

5_ 국물에 소금, 설탕을 섞어 완전히 식힌 후 냉장실에 넣는다. 차게 식힌 후 떠오른 굳은 기름을 체로 건져 버린다.

6_ 냉면 삶을 물(7컵)을 센 불에서 끓인다. 끓으면 냉면을 가닥가닥 뜯어 넣고 40초간 삶는다. 체에 밭쳐 찬물에 헹군 후 물기를 뺀다. (20쪽 참고) * 삶는 시간이 짧으니 모든 재료를 준비한 후 삶아야 한다.

물냉면 & 매콤한 물냉면

1_ 냄비에 달걀을 넣고 잠길 만큼의 물을 부어 센 불에서 끓어오르면 중간 불로 줄여 12분간 삶는다. 찬물에 담가 한김 식힌 후 껍질을 벗겨 2등분한다.

2_ 배는 씨를 제거하고 껍질을 벗겨 채 썬다.

3_ 그릇에 삶은 면을 담고 시원해진 국물을 붓는다. 삶은 고기, 삶은 달걀, 무절임, 배채를 올리고 식초, 연겨자를 곁들인다. * 매콤한 물냉면 매운 양념장을 곁들인다. 양념장은 전날 만들어서 하루 정도 숙성시키면 더 맛있다.

중화풍 냉면

1_ 냉동 생새우살은 찬물에 10분 정도 담가 해동한다. 당근, 오이는 가늘게 채 썬다.

2_ 해동한 생새우살은 반으로 저민 후 끓는 물(2컵)에서 30초간 데친다.

3_ 그릇에 삶은 면을 담는다. 먹기 직전 시원해진 국물에 흑초를 섞은 후 붓는다. 삶은 고기, 새우살, 당근채, 오이채를 올리고 땅콩버터, 연겨자를 곁들인다.

온면

따끈하게 즐기는 물냉면인 '온면'은 삶은 고기를 넉넉히 넣고 대파만 더해 깔끔하게 먹어야 맛있지요.
토핑으로는 달걀지단을 올렸는데요, 기호에 따라 김가루나 고춧가루 등을 더해도 좋아요.
시원한 물냉면에는 무절임, 식초, 연겨자 등을 더해 먹지만 온면에는 별다른 양념이 없기 때문에
육수에 국간장을 넣어 단맛과 감칠맛을 보완했어요.

2인분 / 80~90분

- 냉면 2봉(300g)
- 삶은 고기(육수 낸 것) 100g
- 달걀 1개
- 대파 20cm
- 국간장 1큰술
- 소금 1작은술
- 후춧가루 약간
- 식용유 1/2큰술

쇠고기 육수
- 쇠고기 양지 150g
- 쇠고기 사태 150g
- 무 100g
  (지름 10cm, 두께 1cm 크기)
- 대파 20cm 2대
- 마늘 10쪽
- 풋고추 3개
- 다시마 5×5cm 8장
- 물 11컵(2.2ℓ)

● **이런 면도 어울려요!**

소면 메밀면

1_ 쇠고기 육수를 낸다. (80쪽 1~3번 참고) 육수를 낸 고기는 한김 식혀 0.2cm 두께로 얇게 썬다. * 온면 고명으로 쓰고 남은 고기는 89쪽의 편육무침에 활용한다.

2_ 대파는 송송 썬다.

3_ 볼에 달걀을 푼다. 달군 팬에 식용유를 두르고 키친타월로 얇게 펴바른다. 달걀물을 붓고 약한 불에서 1분 30초, 뒤집어 30초간 익힌다. 도마에 올려 한김 식힌 후 가늘게 채 썰어 지단채를 준비한다.

4_ 냉면 삶을 물(7컵)을 센 불에서 끓인다. 끓으면 냉면을 가닥가닥 뜯어 넣고 40초간 삶는다. 체에 밭쳐 찬물에 헹군 후 물기를 뺀다. (20쪽 참고)

5_ 냄비에 육수, 고기, 국간장, 소금, 후춧가루를 넣고 센 불에서 끓어오르면 대파를 넣고 1분간 끓인다. 간이 부족하면 소금으로 맞춘다.

6_ 그릇에 삶은 면을 담고 국물을 붓는다. 지단채를 올린다.

비빔냉면 레시피 86쪽

평양냉면은 담백한 물냉면이,
함흥냉면은 매콤한 비빔냉면이
대표 선수지요.
비빔냉면은 무엇보다 비빔장이
중요한데요, 각 양념이 서로 충분히
어우러질 수 있도록 전날 만들어
하루 정도 냉장실에서 숙성하면
좋아요. 좀 더 부드러운 맛을 원하면
사과를 1/4개 정도 갈아
비빔장에 더하세요.

기본

회냉면 레시피 86쪽

비빔냉면에 달걀 대신 흰살 생선을 올려 함께 비벼 먹으면 고급스러운 진짜 회냉면이 완성되지요. 생선이 너무 크면 면과 잘 어우러지지 않으니 먹기 좋게 썰어 올리세요.

황태무침 냉면 레시피 86쪽

삭힌 홍어나 명태 등을 매콤하게 무쳐 곁들인 냉면 맛집들의 회냉면을 황태채로 손쉽게 만들었어요. 입에 착 감기게 무친 황태채가 비빔냉면의 맛을 높여주지요. 황태채 무침만 반찬으로 활용해도 좋아요.

기본 비빔냉면 + 응용1 회냉면

2인분 / 15~20분
(+ 비빔장 숙성 1일)

- 냉면 2봉(300g)
- 삶은 고기 50g(육수 낸 것, 80쪽)
- 달걀 1개
- 오이절임 40g(88쪽 참고)
- 배 1/10개(40g)
- 참기름 약간
- 통깨 간 것 약간

양파 고추장 비빔장
- 양파 1/4개(50g)
- 대파 10cm
- 고춧가루 4큰술
- 설탕 2큰술
- 양조간장 4큰술
- 식초 4큰술
- 물엿 3큰술
- 참기름 1큰술
- 액젓(멸치 또는 까나리) 1작은술
- 후춧가루 약간

회냉면에 올리는 생선회
- 흰살 생선회(광어, 우럭, 도미 등) 10~12쪽(기호에 따라 가감)

● 이런 면도 어울려요!

소면   메밀면

응용2 황태무침 냉면

2인분 / 30~35분
(+ 비빔장 숙성 1일)

- 냉면 2봉(300g)
- 황태채 1과 1/2컵(30g)
- 오이절임 40g(88쪽 참고)
- 생수 1/2컵(100㎖, 황태 불림용)
- 참기름 약간
- 통깨 간 것 약간

황태 무침양념
- 설탕 1큰술
- 식초 1큰술
- 고추장 1큰술
- 다진 마늘 1작은술
- 고춧가루 1작은술

양파 고추장 비빔장
- 양파 1/4개(50g)
- 대파 10cm
- 고춧가루 4큰술
- 설탕 2큰술
- 양조간장 4큰술
- 식초 4큰술
- 물엿 3큰술
- 참기름 1큰술
- 액젓(멸치 또는 까나리) 1작은술
- 후춧가루 약간

● 이런 면도 어울려요!

소면   메밀면

● **국수 상식 _ 지역별로 조금씩 다른 한국의 국수**

과거에는 지역별로 국수를 만들어 먹는 방법이나 사용하는 재료가 달랐다. 지역별로 살펴보면
왕족과 양반 계급이 많이 살았던 **서울**에서는 삶은 국수를 맑은장국에 말아 오색 고명을 얹어 예쁘게 만들어 먹었다.
반면 **경기도**는 국수를 별도로 삶지 않고 장국에 그대로 넣고 끓이는 제물국수를 즐겨 먹었다.
충청도는 서해안에서 많이 나는 굴이나 조갯살로 시원하게 국물을 내서 삶은 칼국수를 넣어 먹었다.
강원도는 산악이나 고원 지대에서 생산하는 도토리, 메밀, 감자, 옥수수 등으로 막국수나 올챙이 국수를 만들어 먹었다.
제주도는 해산물이 풍부해 생선국수가 대표적이나 특산물인 흑돼지를 얹어 고기국수로도 즐겨 먹었다.

공통

1_ 믹서에 비빔장 재료를 넣고 곱게 간다. 냉장실에 넣어 하루 정도 숙성시킨다.

2_ 냉면 삶을 물(7컵)을 센 불에서 끓인다. 끓으면 냉면을 가닥가닥 뜯어 넣고 40초간 삶는다. 체에 밭쳐 찬물에 헹군 후 물기를 뺀다. (20쪽 참고) * 삶는 시간이 짧으니 모든 재료를 준비한 후 삶아야 한다.

비빔냉면 & 회냉면

1_ 냄비에 달걀을 넣고 잠길 만큼의 물을 부어 센 불에서 끓어오르면 중간 불로 줄여 12분간 삶는다. 찬물에 담가 한김 식힌 후 껍질을 벗겨 2등분한다.

2_ 배는 씨를 제거하고 껍질을 벗겨 채 썬다. 고기는 0.2cm 두께로 비스듬히 편 썬다.
* 냉면 고명으로 쓰고 남은 고기는 89쪽의 편육무침에 활용한다.

3_ 그릇에 삶은 면을 담고 비빔장을 곁들인다. 삶은 고기, 삶은 달걀, 오이절임, 배채를 올린다. 참기름, 통깨 간 것을 뿌린다.
* **회냉면** 고기와 달걀 대신 생선회를 올린다. 사이즈가 너무 크면 먹기 좋게 썰어 올린다.

황태무침 냉면

1_ 황태채는 가로로 2~3등분한다. 볼에 황태채, 생수(1/2컵)를 넣고 10분간 불린 후 물기를 꼭 짠다.
* 이때 황태를 짜고 난 국물은 버리지 않고 비빔냉면에 넣어 먹어도 좋다.

2_ 볼에 황태 무침양념 재료를 섞은 후 불린 황태채를 넣고 버무려 10분간 재운다.

3_ 그릇에 삶은 면을 담고 비빔장을 곁들인다. 황태무침, 오이절임을 올린다. 참기름, 통깨 간 것을 뿌린다.

비빔국수에 활용하기 좋은 2가지 절임

무절임

- 무 200g(지름 10cm, 두께 2cm 크기)

절임 양념
- 설탕 1큰술
- 식초 2큰술
- 생수 1/2컵(100㎖)
- 소금 1작은술

1 무는 칼이나 감자필러를 활용해 2×7cm 크기, 0.1cm 두께로 얇게 썬다.
2 볼에 절임 양념 재료를 섞은 후 무를 넣고 버무려 실온에서 30분간 절인 후 물기를 꼭 짠다.

오이절임

- 오이 1개(200g)

절임 양념
- 설탕 1큰술
- 식초 2큰술
- 생수 1/2컵(100㎖)
- 소금 1작은술

1 오이는 길이로 2등분한 후 0.1cm 두께로 얇게 어슷 썬다.
2 볼에 절임 양념 재료를 섞은 후 오이를 넣고 버무려 실온에서 20분간 절인 후 물기를 꼭 짠다.
  * 오이는 무에 비해 조직이 연해 절이는 시간을 10분 정도 줄인다.

육수 내고 남은 고기로 만든 2가지 무침

연겨자 소스의 채소 편육냉채

- 삶은 고기 100g
- 오이 1/4개(50g)
- 파프리카 1/4개(50g)
- 양파 1/4개(50g)
- 양배추 1장(손바닥 크기, 30g)

연겨자 소스
- 설탕 1큰술
- 식초 2큰술
- 소금 1작은술
- 다진 마늘 1/2작은술
- 양조간장 2작은술
- 연겨자 1/2~1작은술

1_ 고기는 0.2cm 두께로 비스듬하게 편 썬다.
   오이, 파프리카, 양파, 양배추는 가늘게 채 썬다.

2_ 큰 볼에 소스 재료를 섞은 후
   모든 재료를 넣고 버무린다.

매콤한 양념의 대파 편육무침

- 삶은 고기 100g
- 시판 대파채 1줌(50g)

매콤한 양념
- 설탕 1/2큰술
- 식초 1큰술
- 고추장 1큰술
- 고춧가루 1/2작은술
- 통깨 1작은술
- 양조간장 1작은술
- 참기름 1작은술

1_ 고기는 0.2cm 두께로 비스듬하게 편 썬다.
   대파채는 가위로 2~3등분한다.

2_ 큰 볼에 양념 재료를 섞은 후
   고기, 대파채를 넣고 버무린다.

막국수

강원도의 대표 국수. 설비가 좋지 않던 시절에 메밀 겉껍질 벗기기가 쉽지 않아 '막' 갈아 국수를 내렸다고 해서 붙여진 이름이라고 해요. 맛을 좌우하는 비빔장의 비법은 과일과 숙성. 사과와 사과식초를 더하면 맛이 풍부해지고, 냉장고에서 하루 정도 숙성시키면 맛이 깊어지지요. 시간이 없다면 최소한 30분 정도라도 두었다가 먹어야 양념끼리 잘 어우러지고 면에 흡착력도 좋아진답니다.

기본

물비빔 막국수

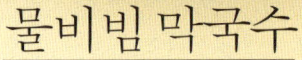

국물을 자작하게 부어 비벼 먹는 막국수예요. 잘 익은 동치미국물에 육수를 더한 동치미육수나 메밀면 삶은 면수를 활용해요. 싱거워질 수 있으니 비벼가며 양을 조절하세요.

응용 1

닭무침 쟁반막국수

응용 2

쟁반막국수는 화려하고 푸짐한 채소가 포인트. 고소한 깨간장으로 양념한 닭가슴살을 더하면 씹는 재미는 물론 영양적으로도 완벽해지지요.

2인분 / 20~25분(+ 비빔장 숙성 1일)

- 메밀면 2줌(200g)
- 달걀 1개
- 조미김 부순 것 1/2컵
- 통깨 간 것 2큰술(기호에 따라 가감)
- 참기름 2큰술(기호에 따라 가감)

과일 고추장 비빔장
- 사과 1/2개
  (또는 배나 파인애플, 100g)
- 설탕 2큰술
- 고춧가루 2큰술
- 다진 마늘 1/2큰술(또는 마늘 1쪽)
- 양조간장 2큰술
- 사과식초 3큰술
- 고추장 5큰술
- 참기름 1큰술
- 후춧가루 약간

물비빔 막국수에 곁들이는 국물
- 시판 냉면용 동치미육수 1~2컵
  (또는 메밀면 삶은 물)

닭무침 쟁반막국수에 곁들이는 부재료
- 닭가슴살 1쪽(100g)
- 갖은 채소 150g
  (오이, 양배추, 상추, 파프리카 등)
- 사과 1/2개(100g)
- 송송 썬 대파 10cm(닭 삶는 용)
- 청주 1큰술(닭 삶는 용)
- 참기름 1큰술(기호에 따라 가감)

닭고기 양념
- 통깨 간 것 3큰술
- 양조간장 1큰술
- 매실청 1큰술
- 후춧가루 약간

● **이런 면도 어울려요!**

소면　　냉면　　쫄면

막국수 & 물비빔 막국수

1_ 비빔장에 넣을 사과는 씨와 껍질을 제거한 후 한입 크기로 썬다. 푸드 프로세서에 모든 비빔장 재료를 넣어 곱게 간다. 볼에 담아 뚜껑이나 랩을 덮어 냉장실에서 하루 정도 숙성시킨다.

2_ 냄비에 달걀을 넣고 잠길 만큼의 물을 부어 센 불에서 끓어오르면 중간 불로 줄여 12분간 삶는다. 찬물에 담가 한김 식힌 후 껍질을 벗겨 2등분한다.

3_ 메밀면 삶을 물(10컵)을 센 불에서 끓인다. 끓으면 메밀면을 넣고 삶는다. 체에 밭쳐 찬물에 헹군 후 물기를 뺀다. (18쪽 참고)

4_ 그릇에 삶은 면, 비빔장을 곁들인 후 삶은 달걀, 조미김 부순 것, 통깨 간 것을 올리고 참기름을 뿌린다.

* **물비빔 막국수** 시판 냉면용 동치미육수나 메밀면 삶은 물을 자작하게 부어 비벼 먹으면 된다.

닭무침 쟁반막국수

1_ 비빔장과 메밀면은 위의 막국수와 동일하게 준비한다. 닭무침은 냄비에 물(2컵), 송송 썬 대파를 넣고 끓어오르면 닭가슴살, 청주를 넣어 12분간 삶은 후 체에 밭쳐 한김 식힌다. 결대로 찢어 닭고기 양념에 버무린다.

2_ 갖은 채소와 사과는 먹기 좋게 채 썬다. 쟁반에 삶은 면, 닭무침, 갖은 채소, 사과를 보기 좋게 담는다. 먹기 직전 비빔장과 참기름을 더해 비벼 먹는다.

콩국수 레시피 94쪽

여름 인기 국수인 콩국수는 콩국물을 잘 만드는 것이 가장 중요해요. 진한 콩국물의 핵심은 콩 삶은 물을 함께 갈아주는 것인데요, 이 물에는 콩의 맛과 영양이 고스란히 녹아있지요. 또한 번거롭더라도 삶은 콩의 껍질을 벗겨내야 해요. 껍질은 먹어도 상관 없지만, 제거하면 훨씬 더 고운 콩국물을 만들 수 있답니다. 콩국물은 냉장고에서 3일 정도 보관이 가능해요.

기본

잣 콩국수 레시피 94쪽

'잣'으로 유명한 경기도 가평에서 맛볼 수 있는 국수랍니다. 콩을 줄이는 대신 잣을 고소하게 볶아 더하면 아주 고소하고 맛있지요. 색다르고 고급스러운 콩국수를 원한다면 제격이에요.

흑임자 검은콩국수 레시피 95쪽

예능 프로그램에서 '회춘의 키워드'로 소개된 '검은콩국물'. 모발을 건강하게 해서 탈모를 완화하고, 노화나 비만에도 도움이 된다고 해요. 이런 장점을 극대화하면서 고소한 풍미와 선명한 색감까지 더하기 위해 흑임자(검은깨)를 함께 넣었어요.

기본 콩국수 + 응용1 잣 콩국수

2인분 / 65~75분
(+ 콩 불리기 6시간 이상
+ 국물 차갑게 식히기 1시간)

기본 콩국수
- 백태 2컵(280g)
- 오이 1/2개
  (또는 방울토마토 4개, 100g)

잣 콩국수
- 백태 1과 1/2컵(210g)
- 잣 1/2컵(기호에 따라 가감)

공통 재료
- 생소면 2줌(300g)
- 콩 삶은 물 2컵(400㎖)
- 차가운 생수 2컵(400㎖, 원하는 농도에 맞춰 가감)
- 소금 1작은술~1/2큰술 (기호에 따라 가감)

● **이런 면도 어울려요!**

소면   곤약면

채소면   묵이나 우뭇가사리 채 친 것

1 볼에 백태를 담고 2~3회 가볍게 씻은 후 충분히 잠길 정도의 물(6컵)을 부어 6시간 이상 불린다.

2 냄비에 불린 콩, 물(7컵)을 넣어 센 불에서 끓어오르면 중간 불로 줄여 25~30분간 삶는다. 끓으면서 떠오르는 거품은 걷어낸다. 체에 밭쳐 물기를 뺀다. 이때 콩 삶은 물은 2컵 정도 남긴다.
★ **잣 콩국수** 콩을 삶는 동안 달군 팬에 잣을 넣고 약한 불에서 2분간 볶아 한김 식힌다.

3 볼에 삶은 콩과 잠길 정도의 찬물을 담아 손으로 가볍게 비벼가며 콩껍질을 벗긴다. 물 위에 떠오른 콩껍질을 살살 따라낸 후 체에 밭쳐 물기를 뺀다.

4 믹서에 껍질 벗긴 콩, 콩 삶은 물(2컵), 차가운 생수(2컵)를 넣어 곱게 간다. 먹기 직전까지 냉장실에 두어 차갑게 한다.
★ **잣 콩국수** 토핑으로 올릴 잣을 조금 남기고 믹서에 함께 넣고 간다.
★ 콩국물의 농도는 기호에 따라 생수를 더해 조절한다.

5 생소면 삶을 물(10컵)을 센 불에서 끓인다. 끓으면 생소면을 넣어 3~4분간 삶는다. 체에 밭쳐 찬물에 헹군 후 물기를 뺀다. (19쪽 참고)
★ **기본 콩국수** 면을 삶는 동안 토핑으로 올릴 오이를 채 썬다.

6 그릇에 삶은 면을 담고 콩국물을 붓는다. 먹기 직전 소금으로 간한다. 얼음을 곁들여도 좋다.
★ **기본 콩국수** 토핑으로 오이채를 올린다.
★ **잣 콩국수** 토핑으로 잣을 올린다.
오이채, 방울토마토 등을 함께 올려도 좋다.

응용 2 **흑임자 검은콩국수**

2인분 / 65~75분
(+ 콩 불리기 3시간 이상
+ 국물 차갑게 식히기 1시간)

- 생소면 2줌(300g)
- 검은콩 1과 1/2컵(210g)
- 검은깨 1/4컵
  (또는 통깨, 다진 견과류,
  기호에 따라 가감)
- 차가운 생수 4컵(800㎖,
  원하는 농도에 맞춰 가감)
- 소금 1작은술~1/2큰술
  (기호에 따라 가감)
- 방울토마토 4개
  (또는 오이 1/2개, 100g)

● **이런 면도 어울려요!**

　소면　　곤약면　　채소면

1 _ 볼에 검은콩을 담고 2~3회 가볍게 씻은 후 충분히 잠길 정도의 물(6컵)을 부어 3시간 이상 불린다.

2 _ 냄비에 불린 콩, 물(7컵)을 넣어 센 불에서 끓어오르면 중간 불로 줄여 25~30분간 삶는다. 끓으면서 떠오르는 거품은 걷어낸다. 체에 밭쳐 물기를 빼고 한김 식힌다.

3 _ 믹서에 삶은 콩, 차가운 생수(4컵), 검은깨를 넣어 곱게 간다. 먹기 직전까지 냉장실에 두어 차갑게 한다.
　* 고운 색깔과 맛, 영양 등을 위해 검은콩은 껍질째 갈고, 콩 삶은 물은 쓰지 않는다.
　* 콩국물의 농도는 기호에 따라 생수를 더해 조절한다.

4 _ 생소면 삶을 물(10컵)을 센 불에서 끓인다. 끓으면 생소면을 넣어 3~4분간 삶는다. 체에 밭쳐 찬물에 헹군 후 물기를 뺀다. (19쪽 참고)

5 _ 토핑으로 올릴 방울토마토를 2등분한다.

6 _ 그릇에 삶은 면을 담고 콩국물을 부은 후 방울토마토를 올린다. 먹기 직전 소금으로 간한다. 얼음을 곁들여도 좋다.

땅콩 두부국수
(초간단 콩국수)

부드러운 생식두부와 고소한 땅콩을 활용해 15분 내에 완성하는 아주 간단한 콩국수예요. 국수를 더하지 않고 그냥 식사 대용으로 마셔도 좋아요. 면 대신 오이나 당근 등 채소를 채 썰어 활용해도 잘 어울려요. 바쁜 날에 더욱 유용한 레시피랍니다.

응용 3

2인분 / 10~15분
- 생소면 2줌(300g)
- 생식두부 4팩(560g)
- 땅콩 1/4컵
  (또는 다른 견과류, 약 30g)
- 통깨 4큰술
- 차가운 생수 2컵(400㎖, 원하는 농도에 맞춰 가감)
- 소금 1작은술(기호에 따라 가감)
- 설탕 1/2작은술(기호에 따라 가감)
- 오이 1/4개(50g)
- 방울토마토 2~3개
- 굵게 다진 땅콩 1작은술

● 이런 면도 어울려요!

소면　곤약면　채소면

1_ 믹서에 생식두부, 땅콩, 통깨, 차가운 생수를 넣어 곱게 간다.
　　먹기 직전까지 냉장실에 두어 차갑게 한다.
　　＊ 콩국물의 농도는 기호에 따라 생수를 더해 조절한다.

2_ 오이는 채 썰고 방울토마토는 2등분한다.

3_ 생소면 삶을 물(10컵)을 센 불에서 끓인다. 끓으면 생소면을 넣어 3~4분간 삶는다.
　　체에 밭쳐 찬물에 헹군 후 물기를 뺀다. (19쪽 참고)

4_ 그릇에 삶은 면을 담고 믹서에 간 국물을 부은 후 오이채, 방울토마토,
　　굵게 다진 땅콩을 토핑으로 올린다. 먹기 직전 소금, 설탕으로 간한다.

1

3

팥칼국수

팥의 붉은색이 악귀를 쫓는다고 해서 동짓날에는 한 해의 액땜을 위해 팥죽을 먹지요. 전라도가 고향인 '팥칼국수'는 그 지역에서 '팥죽'으로 불리며 비슷한 의미를 갖고 있어요. 보통 겨울에 먹는 것으로 알고 있지만 팥은 몸 속의 열을 다스려 초복의 보양식으로 먹기도 해요. 팥은 초벌로 데쳐 그 물은 버리고 다시 삶는데요, 그 이유는 쌉쌀한 맛을 내는 사포닌 성분이 처음에 많이 녹아나오기 때문이에요. 기호에 따라 소금, 설탕 등으로 간을 맞추세요.

기본

2인분 / 60~70분

- 생칼국수면 2줌(300g)
- 팥 2컵(280g)
- 팥 삶은 물 2컵(400㎖)
- 물 3컵(600㎖)
- 소금 1작은술~1/2큰술 (기호에 따라 가감)
- 설탕 약간(기호에 따라 가감)

● **이런 면도 어울려요!**

생소면

1 _ 볼에 팥을 담고 2~3회 가볍게 씻는다. 냄비에 팥, 물(5컵)을 넣어 센 불에서 끓어오르면 불을 끄고 체에 밭친다. 이때 물은 버린다.

2 _ 냄비에 삶은 팥, 물(13컵)을 넣어 센 불에서 다시 끓인다. 끓어오르면 중간 불로 줄여 50~55분간 삶는다. 끓으면서 떠오르는 거품은 걷어낸다. 체에 밭쳐 물기를 뺀다. 이때 팥 삶은 물은 2컵 정도 남긴다.

3 _ 믹서에 삶은 팥, 물(3컵)을 넣어 곱게 간다.

4 _ 생칼국수면 삶을 물(5컵)을 센 불에서 끓인다. 끓으면 칼국수면을 넣어 2분간 삶는다. 체에 밭쳐 찬물에 헹군 후 물기를 뺀다. (19쪽 참고)

5 _ 냄비에 갈아 놓은 팥, 팥 삶은 물(2컵), 소금을 넣고 끓인다. 끓어오르면 삶은 면을 넣어 2~3분간 끓인 후 그릇에 담는다. 기호에 따라 설탕을 추가한다.

2

3

Chapter 1 기본 국수 + 응용 국수 **97**

기본

짜장면

돼지고기와 여러 가지 채소를 춘장에 볶은 한국식 중화 면요리. 집에서 볶음춘장을 만들고 고기와 채소를 넉넉히 더해 홈메이드 짜장소스까지 만들면 사먹는 것보다 훨씬 더 푸짐하게, 담백하고 깔끔하게 즐길 수 있지요.

응용

사천식 해물 간짜장 레시피 103쪽

간짜장은 되직하게 볶아 물기가 별로 없는 것이 특징. 반숙으로 익힌 달걀프라이를 곁들여 노른자를 톡 터트려 비비면 뻑뻑할 수 있는 간짜장도 잘 비벼지지요. 고소한 맛도 더할 수 있고요. 사천식 특유의 매콤한 맛을 내기 위해 고추기름과 청양고추를 활용했어요.

볶음춘장

3~4회분 / 25~35분

- 춘장 1과 1/2컵(300g)
- 식용유 1과 1/2컵(300㎖)

* 춘장은 중국식 된장으로 그냥 사용해도 되지만 특유의 시큼하고 떫은 맛이 있어 기름에 볶아 사용하는 것이 좋다. 단, 타기 쉬우니 아주 약한 불에서 천천히 볶는 것이 포인트. 볶은 기름과 함께 밀폐용기에 담아 냉장 보관하면 다양한 볶음요리에 활용할 수 있다. 시판 볶음춘장을 구입했다면 이 과정은 생략해도 된다.

1_ 깊은 팬에 춘장, 식용유를 넣고 약한 불에서 끓어오르면 한 덩어리로 뭉쳐질 때까지 10~15분간 볶는다. 처음에는 춘장이 기름에 풀어지다가 쫀득한 질감(텍스쳐)의 한 덩어리가 된다.
* 불에 타기 쉬우니 불세기에 주의한다.

2_ 완전히 식으면 기름과 함께 밀폐용기에 담는다.
* 기름과 함께 보관하면 저장성이 좋아진다. 춘장기름은 춘장의 향을 가지고 있어 짜장면을 만들 때 활용하면 맛이 더 좋아진다.

짜장면

2인분 / 30~40분

- 중화면 2줌(300g)
- 삼겹살 150g(또는 돼지고기 안심)
- 양파 1개(200g)
- 양배추 5장(손바닥 크기, 150g)
- 감자 1/2개(100g)
- 오이 1/4개(50g)
- 물 2와 1/2컵(500㎖)
- 녹말물 3큰술(전분 1큰술+물 3큰술)

돼지고기 밑간
- 청주 1큰술
- 소금 약간
- 후춧가루 약간

향신 양념
- 대파 10cm
- 다진 마늘 1큰술
- 설탕 1큰술
- 굴소스 1큰술
- 볶음춘장 5큰술
- 춘장기름 3큰술(또는 식용유)

● **이런 면도 어울려요!**

생소면   칼국수면

1_ 양파, 양배추, 감자는 사방 1.5cm 크기로 썬다. 오이는 채 썬다. 대파는 송송 썬다.

2_ 삼겹살은 1cm 폭으로 썰어 밑간에 버무린다.

3_ 깊은 팬을 달궈 춘장기름(볶음춘장과 함께 담아둔 기름)을 두르고 대파, 다진 마늘을 넣어 중간 불에서 2분간 볶아 향을 낸다.

4_ 센 불로 올려 삼겹살, 감자를 넣고 3분간 볶은 후 설탕, 굴소스를 넣어 1분간 볶는다.

5 _ 양파, 양배추를 넣어 3분간 볶는다.

6 _ 볶음춘장을 넣어 1분간 볶는다.

7 _ 물(2와 1/2컵)을 붓고 끓어오르면 중간 불로 줄여 3분간 끓인다.

8 _ 녹말물을 넣어 중간 불에서 3~4분간 저어가며 끓여 짜장소스를 완성한다.
  * 녹말물은 녹말이 가라앉지 않게 넣기 전에 한 번 저어준다.

9 _ 중화면 삶을 물(10컵)을 센 불에서 끓인다. 끓으면 중화면을 넣어 5~6분간 삶은 후 체에 밭쳐 찬물에 헹군 후 물기를 뺀다. (19쪽 참고) * 포장지에 소금을 넣어 삶으라고 적혀 있다면 조금 넣어 삶는다.
  * 면은 삶은 후 한 번 헹궈 사용하되 따뜻하게 먹고 싶다면 먹기 직전 뜨거운 물을 끼얹어 물기를 털고 담는다.

10 _ 그릇에 삶은 면을 담고 짜장소스를 붓고 오이채를 올린다.

● 짜장면에서 볶음춘장 대신 시판 짜장가루를 이용한다면?
짜장가루 6큰술, 식용유 2큰술, 물 2큰술을 섞어두었다가 ⑥번 과정에서 춘장 대신 사용한다. 단, 짜장가루는 브랜드마다 염도와 맛이 다르니 조금 더 넉넉히 만들어 맛을 보며 기호에 맞춰 가감하면 좋다.

사천식 해물 간짜장

2인분 / 25~35분
- 중화면 2줌(300g)
- 오징어 1/2마리(손질 전 135g, 90g)
- 냉동 생새우살 6마리(90g)
- 달걀 2개
- 양파 1개(200g)
- 양배추 5장(손바닥 크기, 150g)
- 애호박 1/2개(135g)

새우 & 오징어 밑간
- 청주 1큰술
- 소금 약간
- 후춧가루 약간

향신 양념
- 청양고추 2개(기호에 따라 가감)
- 대파 10cm
- 다진 마늘 1큰술
- 설탕 1큰술
- 고춧가루 1큰술
- 굴소스 1큰술
- 볶음춘장 4큰술
- 물 2큰술
- 고추기름 3큰술(또는 식용유)
- *고추기름 만들기 118쪽
- 식용유 1큰술

● **이런 면도 어울려요!**

생소면

칼국수면

● 간짜장면에서 볶음춘장 대신
  시판 짜장가루를 이용한다면?
  짜장가루 5큰술, 식용유 2큰술, 물 2큰술을
  섞어두었다가 ④번 과정에서 춘장 대신
  사용한다. 단, 짜장가루는 브랜드마다
  염도와 맛이 다르니 조금 더 넉넉히 만들어
  맛을 보며 기호에 맞춰 가감하면 좋다.

1 _ 양파, 양배추, 애호박은 사방 1.5cm 크기로 썬다. 청양고추, 대파는 송송 썬다. 오징어는 손질해 썰고(103쪽 참고) 냉동 생새우살은 찬물에 10분간 담가 해동해 2등분한다. 해물은 밑간에 버무린다.

2 _ 깊은 팬을 달궈 고추기름을 두르고 청양고추, 대파, 다진 마늘을 넣어 중간 불에서 2분간 볶는다.

3 _ 센 불로 올려 오징어, 새우, 애호박을 넣고 3분간 볶은 후 설탕, 고춧가루, 굴소스를 넣어 1분간 볶는다.

4 _ 양파, 양배추를 넣어 3분간 볶는다. 볶음춘장, 물(2큰술)을 넣어 2~3분간 볶아 간짜장을 완성해 그릇에 담는다.

5 _ 중화면 삶을 물(10컵)을 센 불에서 끓인다. 끓으면 중화면을 넣어 5~6분간 삶은 후 체에 밭쳐 찬물에 헹군 후 물기를 뺀다. (19쪽 참고) * 포장지에 소금을 넣고 삶으라고 적혀 있다면 조금 넣어 삶는다.
* 면은 삶은 후 한 번 헹궈 사용하되 따뜻하게 먹고 싶다면 먹기 직전 뜨거운 물을 끼얹어 물기를 털고 담는다.

6 _ 달군 팬에 식용유(1큰술)를 두르고 달걀을 넣어 중간 불에서 1분 30초간 반숙으로 익힌다. 그릇에 삶은 면을 담고 반숙 달걀프라이를 올린다. ④의 간짜장을 곁들인다.

짬뽕 레시피 104쪽

짜장면과 마찬가지로 대표적인 한국식 중화 면요리. 해물과 채소를 센 불에 볶은 후 닭이나 돼지육수를 넣고 끓여 면에 부어 먹지요. 매운맛과 색감을 위해 고춧가루는 고운 것을 사용하세요. 극강의 매운맛을 원한다면 청양 고춧가루나 청양고추를 더하세요.

기본

나가사키 짬뽕 레시피 105쪽

응용

중국인들이 많이 거주했다는 일본 나가사키 지역의 면요리예요. 돼지잡뼈와 닭을 우린 뽀얗고 진득한 국물이 특징인데요. 집에서는 시판 사골국물로 그 맛을 재현할 수 있어요. 다양한 채소와 함께 어묵을 넣었는데요. 실제 나가사키 짬뽕처럼 일본식 찐어묵인 '가마보코'를 활용해도 좋아요.

짬뽕에 넣을 3가지 해물 손질하기

오징어

1 _ 가위로 몸통을 갈라 내장이 붙은 다리를 잡아당겨 뗀다. 몸통 안쪽에 붙은 투명한 뼈도 뗀다.
2 _ 다리에 붙은 내장을 가위로 자른다.
3 _ 가위로 눈을 도려낸다.
4 _ 다리를 뒤집어 가운데를 눌러 입을 제거한다.
5 _ 몸통에 우물정(井)자로 칼집을 넣은 후 길이로 2등분하고 1cm 두께로 썬다.
6 _ 다리는 흐르는 물에서 손가락으로 훑어가며 빨판을 최대한 제거한 후 먹기 좋게 4~5cm 길이로 썬다.

새우

1 _ 머리 위에 뾰족한 부분을 가위로 제거한다.
2 _ 입과 수염이 있는 부분을 제거한다.
3 _ 등쪽 2~3번째 마디 사이에 이쑤시개를 찔러 잡아 당겨서 내장을 뺀다.
  * 냉동 생새우살로 대체할 경우 찬물에 10분간 담가 해동한 후 사용한다.

 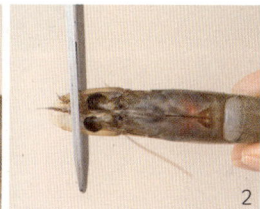 

홍합

1 _ 수염을 잡아 당겨 뗀다.
2 _ 잠길 만큼의 물에 담가 2개씩 비벼가며 껍질에 붙은 이물질을 제거한다.
3 _ 흐르는 물에 헹군 후 체에 밭쳐 물기를 뺀다.

짬뽕

2인분 / 40~50분

- 중화면 2줌(300g)
- 오징어 1/2마리(손질 전 135g, 90g)
- 새우 6마리(또는 냉동 생새우살)
- 홍합 10개(약 200g)
- 양배추 2장(손바닥 크기, 60g)
- 양송이버섯 3개(또는 다른 버섯, 60g)
- 청경채 1개(또는 알배기배추, 40g)
- 양파 1/4개(50g)

향신 양념

- 대파 15cm
- 마늘 5쪽(또는 다진 마늘 1큰술)
- 고운 고춧가루 1과 1/2큰술
  (또는 고춧가루 2큰술)
- 국간장 2큰술
- 굴소스 1큰술
- 청주 1큰술
- 고추기름 3큰술
- * 고추기름 만들기 118쪽

국물

- 물 6컵(1.2ℓ)
- 다시마 5×5cm 4장
- 치킨파우더 1큰술
- 소금 약간
- 후춧가루 약간
- * 치킨파우더가 없다면 물 대신 멸치국물 6컵(34쪽)을 활용한다.

● **이런 면도 어울려요!**

생소면   생칼국수면   우동면

1_ 양배추는 한입 크기로 썰고
양송이버섯은 열십자(+)로 4등분한다.
청경채는 밑동을 잘라낸 후 2등분하고
양파는 0.5cm 두께로 썬다.
대파는 어슷 썰고 마늘은 편 썬다.

2_ 오징어, 새우, 홍합을 손질한다. (103쪽 참고)
중화면 삶을 물(10컵)을 센 불에서 끓인다.
끓으면 중화면을 넣고 5~6분간 삶는다.
체에 밭쳐 찬물에 헹군 후 물기를 뺀다.
(19쪽 참고) * 포장지에 소금을 넣고
삶으라고 적혀 있다면 조금 넣어 삶는다.

3_ 깊은 팬에 고추기름을 두르고
대파, 마늘을 넣어 중간 불에서
2분간 볶는다.

4_ 양배추, 청경채, 양파, 고춧가루, 국간장,
굴소스를 넣고 1분간 볶는다.

5_ 오징어, 새우, 홍합, 청주를 넣고
센 불에서 1분간 볶는다.

6_ 물, 다시마, 치킨파우더, 양송이버섯을 넣고
끓어오르면 중간 불로 줄여
5분간 끓인 후 후춧가루를 넣는다.
다시마를 건지고 소금으로 간을 맞춘다.
그릇에 삶은 면을 담고 붓는다.

나가사키 짬뽕

2인분 / 40~50분

- 중화면 2줌(300g)
- 오징어 1/2마리(손질 전 135g, 90g)
- 새우 6마리(또는 냉동 생새우살)
- 홍합 10개(약 200g)
- 사각어묵 1장
- 양배추 2장(손바닥 크기, 60g, 또는 양파 1/4개)
- 숙주 2줌(100g)
- 청경채 1개(40g)

향신 양념

- 대파 15cm
- 마늘 5쪽(또는 다진 마늘 1큰술)
- 청양고추 1/2개(기호에 따라 가감)
- 국간장 2큰술
- 굴소스 1큰술
- 청주 1큰술
- 식용유 2큰술

국물

- 시판 사골국물 6컵(1.2ℓ)
- 소금 약간
- 후춧가루 약간

* 사골국물의 염도(무염, 가염)에 따라 소금의 양을 조절한다.

● **이런 면도 어울려요!**

생소면   생칼국수면   우동면

1 _ 양배추는 한입 크기로 썰고 숙주는 씻어 물기를 뺀다. 청경채는 밑동을 잘라낸 후 2등분한다. 대파, 청양고추는 어슷 썰고 마늘은 편 썬다. 사각어묵은 길이로 2등분한 후 1cm 두께로 썬다.

2 _ 오징어, 새우, 홍합을 손질한다. (103쪽 참고) 중화면 삶을 물(10컵)을 센 불에서 끓인다. 끓으면 중화면을 넣고 5~6분간 삶는다. 체에 밭쳐 찬물에 헹군 후 물기를 뺀다. (19쪽 참고) * 포장지에 소금을 넣고 삶으라고 적혀 있다면 조금 넣어 삶는다.

3 _ 깊은 팬에 식용유를 두르고 대파, 마늘, 청양고추를 넣고 중간 불에서 2분간 볶는다.

4 _ 어묵, 양배추, 숙주, 청경채, 국간장, 굴소스를 넣고 1분간 볶는다.

5 _ 오징어, 새우, 홍합, 청주를 넣고 센 불에서 1분간 볶는다.

6 _ 사골국물을 넣고 끓어오르면 중간 불로 줄여 5분간 끓인다. 후춧가루를 넣고 소금으로 간을 맞춘다. 그릇에 삶은 면을 담고 붓는다.

이 책 속의 양념 & 국물 총정리

면덕후의 입맛도 사로 잡을 수 있는 참 맛있는 국수 양념들, 그리고 직접 만들어 건강하고 담백한 홈메이드 국수 국물들. 책 속에 소개된 양념과 국물 중 자주 활용할 수 있는 것들을 싹~ 모았습니다.

- 사 먹는 것보다 더 맛있는 국수 양념 -

[입맛 없을 때 제격! 매콤한 비빔장]

기본 고추장 비빔장 48쪽 　 양파 고추장 비빔장 86쪽 　 과일 고추장 비빔장 91쪽 　 비빔당면 비빔장 121쪽

[아이들도 잘 먹어요~ 간장 비빔장]

기본 간장 비빔장 41쪽 　 깨간장 비빔장 42쪽 　 매실간장 비빔장 43쪽 　 참외 간장 비빔장 44쪽 　 들깨 맛간장 131쪽

[조금 색다른 맛을 원할 때, 이색 양념]

데리야끼 볶음양념 72쪽 　 매콤 굴소스 볶음양념 75쪽 　 카레 볶음양념 77쪽 　 바질 페스토 129쪽 　 탄탄면 비빔장 133쪽 　 미고랭 볶음양념 144쪽

– 국수에 곁들이는 부재료를 더 맛있게 해주는 양념 –

황태 무침양념
86쪽

붉닭 양념
118쪽

김치 무침양념
119쪽

오이 부추 무침양념
123쪽

– 직접 만들어 더 건강한 국수 국물 –

멸치국물 35쪽
새우국물 35쪽
황태국물 35쪽
조개국물 56쪽
닭육수 61쪽
가쓰오부시 국물 69쪽
쇠고기 육수 80쪽
콩국물 94쪽
검은콩국물 95쪽

Chapter 2

맛집 국수 20개

줄을 서서 먹는다는 소문난 국수 맛집들.
직접 방문해 맛보면 좋으련만 너무 먼 지역에 있어,
기다릴 시간이 없어 쉽지 않았다면
가정식으로 재현한 맛집 국수 레시피를 따라해보세요.
구하기 어려운 재료는 대체했고 조리법은 간소화해
그 맛과 100% 똑같지는 않지만 비슷하게 만들어
맛있게 즐길 수 있답니다.
여기 소개된 20개 국수의 오리지널 버전을 만날 수 있는
맛집들은 부록편에 간략히 소개했으니
그 지역에 간다면 꼭 들러보세요. 맛집 버전과 가정식 버전을
비교하는 재미도 있을 거예요.

소문난 맛집의 그 국수, 집에서 만들어볼까?

한국인의 면사랑은 대단합니다.
국민 1인당 연간 국수요리 소비량은 무려 7.7kg,
그릇으로 환산하면 69.9그릇(1인분 110g).
라면을 제외하고도 약 5일에 한 번씩 국수를 먹는다고 하네요.

출처 : 농림축산식품부와 한국농수산식품유통공사의 '2017 라면을 제외한 면류 시장 현황 보고서'

그래서인지 유독 면요리 맛집이 많고 다양해
다른 나라의 국수도 국내에서 얼마든지 맛볼 수 있지요.
보통 서양의 국수는 육류나 해산물로 만든 소스를
면 위에 끼얹거나 면과 함께 볶아 먹는 형태가 대부분이에요.
면의 짝꿍이 '소스'라고 할 수 있지요.
반면 동양의 국수는 양념에 비벼 먹기도 하지만
육수에 담가 먹는 형태가 기본이랍니다.
육수는 중국, 일본, 한국 모두 다른 방법으로 맛을 내요.
중국은 다양한 재료를 불맛 나게 볶아 육수를 만들고
일본은 가쓰오부시와 다시마 같이 단순한 재료를
물에 끓여서 담백한 맛을 내지요.
한국은 2가지 이상 재료를 조합해 육수를 만들어요.
고기, 멸치, 황태, 새우, 바지락, 다시마 등을 주로 사용하는데
보다 좋은 맛을 위해 버섯, 무, 대파, 마늘 등을 넣기도 합니다.

면덕후라면 손꼽는 칼국수 맛집의 대결

서울식 만두 칼국수 레시피 112쪽

칼국수 명가인 서울 '명동교자'의
'칼국수'를 가정식으로 만들었어요.
이 칼국수에는 면과 함께 만두피가 너울거리는
만두가 들어있어요. 진하게 우린 닭육수,
맛있게 볶은 돼지고기 토핑도 별미지요.
집에서는 시판 만두피를 더 얇고 넓게 밀고,
고기소를 곱게 짓이겨 부드럽게 만들어
만두를 빚으세요. 또한 국물은 치킨스톡을
활용해 간단하게 만드세요. 칼국수에 특히
잘 어울리는 겉절이 레시피도 알려드리니
함께 준비하세요.

전주식 들깨 달걀 칼국수 레시피 114쪽

전주에 가면 꼭 먹어봐야 한다는 '베테랑 칼국수'. 여고 앞 분식집으로 시작해 전국에 지점을 낼 만큼 유명한 맛집이에요.
이 집의 칼국수는 들깨와 달걀이 듬뿍 들어가 아주 담백한 것이 특징이지요. 감칠맛이 좋은 진득하고 뽀얀 국물도
매력적이랍니다. 집에서는 멸치, 디포리, 건새우를 황금비율로 섞어 육수를 만들면 돼요.

서울식 만두 칼국수

2인분 / 40~50분

- 생칼국수면 2줌(300g)
- 다진 돼지고기 100g
- 주키니 1/10개(또는 애호박 1/5개, 50g)
- 양파 1/2개(100g)
- 목이버섯 4개(생략 가능)
- 양조간장 1작은술
- 소금 약간
- 후춧가루 약간
- 식용유 1/2큰술 + 1/2큰술

✽ 말린 목이버섯을 샀다면
   물에 20분 정도 불려서 쓴다.

국물
- 물 10컵(2ℓ)
- 액상 치킨스톡 1큰술(또는 치킨파우더)
- 국간장 1큰술
- 다진 마늘 1작은술
- 소금 약간
- 후춧가루 약간

✽ 닭육수(61쪽 참고)를 직접 만들어
   양념을 섞어도 된다.

만두
- 해동한 시판 냉동 만두피 6장
- 다진 돼지고기 50g
- 다진 파 1큰술
- 다진 생강 약간(생략 가능)
- 청주 1/2작은술
- 양조간장 1/2작은술
- 굴소스 1/2작은술
- 밀가루 약간

✽ 냉동 만두피는 실온에 3시간 정도 두어
   해동한다.

✽ 만두 만들기가 번거롭다면 맛은 조금
   다르지만 시판 물만두를 활용해도 된다.

● **이런 면도 어울려요!**

생소면 중화면

1

2

3

4

5

만두 만들기

1 ___ 만두피를 위생팩에 담고 밀가루가 만두피 사이사이에 들어가도록 조금씩 뿌린 후 입구를 닫아 실온에 20~30분간 숙성시킨다.

2 ___ 다진 돼지고기는 키친타월에 감싸 눌러서 핏물을 제거한다. 볼에 넣고 밀대로 1~2분간 찧듯이 짓이긴다.

3 ___ 다진 파, 다진 생강, 청주, 양조간장, 굴소스를 넣고 밀대로 짓이겨가며 섞는다.

4 ___ ①의 만두피를 겹쳐서 밀대로 지름 20cm 정도가 될 때까지 민다.

5 ___ 만두피를 칼로 2등분한 후 한 장씩 떼어 ③의 소를 1작은술씩 올린다. 가장자리에 물을 바른 후 공기가 들어가지 않게 밀착해 반으로 접는다.

 * 피가 얇아 찢어지기 쉬우니 넓은 접시에 서로 붙지 않게 담는다. 만두가 마르지 않도록 랩이나 비닐로 덮어둔다.

완성하기

6 ___ 주키니, 양파, 목이버섯은 0.5cm 두께로 채 썬다.

7 ___ 달군 팬에 식용유(1/2큰술)를 두르고 센 불에서 주키니, 양파, 목이버섯을 넣고 2분간 볶은 후 덜어둔다.

8 ___ 팬을 닦고 다시 달궈 식용유(1/2큰술)를 두르고 다진 돼지고기, 양조간장, 소금, 후춧가루를 넣고 중간 불에서 3분간 고슬고슬하게 볶는다.

9 ___ 냄비에 국물 재료를 넣고 센 불에서 끓어오르면 생칼국수면을 탈탈 털어 겉에 묻은 밀가루를 제거한 후 넣는다. 젓가락으로 서로 붙지 않게 저어준다.

 * 좀 더 깔끔한 맛을 원하면 생칼국수면을 물에 살짝 헹군다.

10 ___ ⑦의 볶은 채소, 만두를 넣고 저어가며 5분간 끓인다. 부족한 간은 소금으로 맞춘다. 그릇에 담고 ⑧의 돼지고기 볶음을 올린다.

● 칼국수와 환상 궁합, 매콤한 겉절이 만들기

재료 알배기 배춧잎 5장(손바닥 크기, 150g), 소금 1/2큰술
양념 청양 고춧가루(또는 고춧가루) 2큰술, 다진 파 1큰술, 다진 마늘 1큰술, 매실청 1/2큰술(또는 설탕 1작은술), 설탕 2작은술, 액젓(멸치 또는 까나리) 1작은술, 후춧가루 1/2작은술

1 ___ 알배기 배춧잎은 길이로 2등분한 후 2cm 두께로 어슷 썬다.

2 ___ 큰 볼에 배추를 담고 소금을 뿌려 골고루 섞은 후 15분간 절인다.

3 ___ 볼에 양념 재료를 섞고 10분간 둔다.

4 ___ 절인 배추를 체에 밭쳐 흐르는 물에 헹군 후 물기를 최대한 뺀다. 큰 볼에 배추와 양념을 넣고 골고루 버무린다.

 * 물기를 최대한 제거해야 배추에 양념이 잘 밴다.

전주식 들깨 달걀 칼국수

2인분 / 30~40분

- 생칼국수면 2줌(300g)
- 달걀 4개
- 대파 10cm
- 국간장 1큰술
- 들깻가루 3큰술 + 4큰술
  (기호에 따라 가감)
- 고춧가루 1큰술(기호에 따라 가감)
- 조미김 부순 것 4큰술
- 소금 약간
- 후춧가루 약간

국물
- 국물용 멸치 15마리
- 디포리 5마리
- 건새우 1/2컵(15g)
- 대파 20cm 2대
- 다시마 5×5cm 6장
- 물 12컵(2.4ℓ)

* 디포리와 건새우가 없을 때는 멸치의 양을 25마리로 늘려 국물을 내면 된다.

● 이런 면도 어울려요!

생소면

중화면

1

2

3

5

6

1 _ 달군 냄비에 멸치, 디포리, 건새우를 넣고 중약 불에서 2분간 볶는다. 나머지 국물 재료를 넣고 중약 불에서 25~30분간 끓인다. 체에 밭쳐 국물과 건더기를 분리한다.
* 최종 국물의 양은 10컵(2ℓ)이며 부족한 경우 물을 더한다.

2 _ 볼에 달걀을 푼다. 대파는 어슷 썬다.

3 _ 냄비에 ①의 국물, 국간장을 넣고 센 불에서 끓어오르면 달걀을 둘러가며 붓는다. 몽글몽글 익도록 젓지 않은 채 10초간 끓인 후 2~3회 정도 살살 젓는다.

4 _ 생칼국수면을 탈탈 털어 겉에 묻은 밀가루를 제거한 후 넣는다. 젓가락으로 서로 붙지 않게 저어가며 4분간 끓인다.
* 좀 더 깔끔한 맛을 원하면 생칼국수면을 물에 살짝 헹군다.

5 _ 대파, 들깻가루(3큰술)를 넣고 1분간 끓인다. 후춧가루를 넣고 소금으로 간을 맞춘다.

6 _ 그릇에 ⑤를 담고 들깻가루(4큰술), 고춧가루, 조미김 부순 것을 올린다.

한 끗 다른 이색 칼국수 삼총사

불닭 칼비빔 레시피 118쪽

닭다릿살을 매콤하게 볶아 칼국수면에 비벼 먹는 '신인류면가'의 대표 메뉴를 가정식으로 만들었어요. 반숙 달걀프라이를 터트려 함께 비비면 매운맛도 중화되고 고소해져요. 따끈하게 먹는 비빔면이라 익힌 칼국수면은 찬물에 가볍게 헹궈 참기름에 버무리는데, 오래 두면 불 수 있으니 면은 가장 마지막에 삶으세요.

김치 비빔 칼국수 레시피 119쪽

서울 문래동 '영일분식'에서 만날 수 있는 칼국수면으로 만든 비빔면. 원래도 인기가 많았지만 방송을 타면서 더욱 더 유명해졌어요. 도톰한 칼국수면의 탱글하면서 쫄깃한 식감이 매콤한 양념장, 아삭한 채소, 김치와 어우러져 아주 맛있지요.

육개장 칼국수 레시피 120쪽

매콤하게 먹는 진한 맛의 국물 칼국수예요. 기름기가 많은 차돌박이를 활용해
고소한 맛을 더하면서 빠르게 끓였어요. 육개장에 빠질 수 없는 대파, 고사리, 버섯도 듬뿍 넣었답니다.
고사리는 삶아서 파는 것을 쓰면 편한데, 물에 충분히 헹궈서 넣도록 하세요.

불닭 칼비빔

2인분 / 30~40분

- 생칼국수면 2줌(300g)
- 닭다릿살 4쪽
  (또는 닭가슴살 3쪽, 400g)
- 양파 1/2개(100g)
- 대파 흰 부분 10cm
- 달걀 2개
- 설탕 1큰술
- 청주 1큰술
- 식용유 1큰술 + 2큰술
- 통깨 부순 것 약간
- 참기름 약간

양념
- 고춧가루 2큰술
- 양조간장 2큰술
- 고추장 2큰술
- 물엿 1큰술
- 고추기름 2큰술
- 다진 마늘 1작은술
- 후춧가루 약간

● **이런 면도 어울려요!**

생소면　　우동면　　라면사리

1

2

3

4

5

1_ 양파는 가늘게 채 썬다. 대파는 길이로 갈라서 가운데 굵은 심을 제거하고 반으로 접어 최대한 가늘게 채 썰어 찬물에 담가둔다. 양념 재료를 섞는다.

2_ 닭다릿살은 껍질을 제거하고 하얀 지방부분을 가위로 도려낸 후 사방 1.5cm 크기로 썬다.

3_ 달군 팬에 식용유(1큰술)를 두르고 달걀을 넣어 약한 불에서 1~2분간 뒤집어가며 반숙으로 익혀 덜어둔다.

4_ 깊은 팬을 달궈 식용유(2큰술)를 두르고 센 불에서 연기가 나기 시작하면 닭다릿살, 설탕, 청주를 넣고 2분간 볶는다. 양파, 양념을 넣고 양파가 투명해질 때까지 2~3분간 볶는다.

5_ 생칼국수면 삶을 물(10컵)을 센 불에서 끓인다. 끓으면 생칼국수면을 탈탈 털어 넣고 6분간 저어가며 삶는다. 체에 밭쳐 찬물에 살짝 헹군 후 물기를 뺀다. (19쪽 참고) 볼에 담아 참기름을 약간 뿌려 버무린다.

6_ 그릇에 ⑤의 면을 담고 볶은 닭고기, 반숙 달걀프라이를 올린다. 대파의 물기를 털어 올리고 통깨 부순 것을 뿌린다.
　＊ 새콤달콤한 쌈무, 김자반 주먹밥을 곁들이면 잘 어울린다.

● **고추기름이 없다면?**
내열용기에 식용유(4큰술), 고춧가루(1과 1/2큰술)를 넣고 전자레인지에 1분간 돌린다. 골고루 섞은 후 체에 키친타월을 깔고 부어 기름만 분리한다. 이렇게 만든 고추기름은 시판 고추기름에 비해 맛이 밋밋한 편. 시판 고추기름이 조미가 되어 있어 좀 더 입체적인 맛을 내기 때문이다.

김치 비빔 칼국수

2인분 / 20~30분

- 생칼국수면 2줌(300g)
- 익은 배추김치 1컵(150g)
- 오이 1개(200g)
- 상추 4~5장(또는 다른 쌈채소, 40g)
- 통깨 간 것 약간

김치 무침양념

- 설탕 2큰술
- 고춧가루 1과 1/2큰술
- 다진 마늘 1/2큰술
- 김칫국물 6큰술
- 양조간장 1과 1/2큰술
- 고추장 3큰술
- 매실청 1큰술
- 참기름 1큰술

● 이런 면도 어울려요!

생소면　　우동면　　라면사리

1

2

3

4

5

1 _ 배추김치는 양념을 손으로 훑어낸 후 0.5cm 두께로 썬다.

2 _ 큰 볼에 김치 무침양념의 재료를 섞은 후 배추김치와 버무려 냉장실에 넣어 차게 둔다.

3 _ 오이는 길이로 2등분한 후 얇게 어슷 썬다.
　　상추는 한입 크기로 썬다.

4 _ 생칼국수면 삶을 물(10컵)을 센 불에서 끓인다. 끓으면 생칼국수면을 탈탈 털어 넣고 6분간 저어가며 삶는다. 체에 밭쳐 찬물에 헹군 후 물기를 뺀다. (19쪽 참고)

5 _ 그릇에 삶은 면을 담고 김치무침, 오이, 상추를 올린다. 통깨 간 것을 뿌린다.

　　＊ 얼음을 더해 시원하게 먹어도 좋다.

육개장 칼국수

2인분 / 40~50분

- 생칼국수면 2줌(300g)
- 차돌박이(또는 우삼겹) 300g
- 삶은 고사리 50g
- 느타리버섯 1줌(또는 다른 버섯, 50g)
- 대파 30cm 3대
- 다진 마늘 1작은술
- 고춧가루 3큰술
- 참치액(또는 멸치나 까나리 액젓) 2큰술
- 국간장 1과 1/2큰술
- 설탕 2작은술
- 소금 약간
- 후춧가루 약간
- 물 10컵(2ℓ)
- 식용유 2큰술

● **이런 면도 어울려요!**

생소면

중화면

1

2

3

4

6

1 _ 대파는 길이로 2등분해 5cm 길이로 썬다.
삶은 고사리는 5cm 길이로 자르고, 느타리버섯은 결대로 찢는다.

2 _ 냄비에 식용유를 두르고 차돌박이를 넣어 센 불에서 1분간 볶는다.

3 _ 약한 불로 줄여 고춧가루를 넣고 1분,
대파와 다진 마늘을 넣고 2분간 볶는다.
 * 차돌박이 기름에 고춧가루가 녹으면서
 고소한 풍미의 고추기름이 된다.

4 _ 물(10컵), 참치액, 국간장, 설탕을 넣고 센 불에서
12~15분간 끓인다.

5 _ 생칼국수면을 탈탈 털어 겉에 묻은 밀가루를 제거한 후 넣는다.
젓가락으로 서로 붙지 않게 저어준다.
 * 좀 더 깔끔한 맛을 원하면 생칼국수면을 물에 살짝 헹군다.

6 _ 삶은 고사리, 느타리버섯을 넣고 5분간 저어가며 끓인다.
간이 부족하면 소금으로 맞추고 후춧가루를 뿌린다.

그 시장에 가면 놓치지 말아야 할 국수

2인분 / 25~35분(+ 당면 불리기 30분)

- 당면 2줌(200g)
- 사각어묵 2장
- 부추 1줌(50g)
- 당근 1/4개(50g)
- 단무지 5~6조각(50g)
- 양조간장 1큰술(당면 삶는 용)
- 통깨 약간

비빔장
- 고춧가루 1큰술
- 설탕 1큰술
- 다진 마늘 1/2큰술
- 양조간장 3큰술
- 맛술 2큰술
- 식초 1큰술
- 참기름 1/2큰술
- 통깨 약간
- 후춧가루 약간

● 이런 면도 어울려요!

소면   쌀국수면   곤약면

부산 비빔당면

부산 깡통시장 상인들의 허기를 달래주었던 소박한 음식이 이제는 전국에서 찾아와 먹는 명물이 되었지요. 데친 당면에 경상도식 간장양념, 지역 특산물인 어묵과 부추, 단무지 등을 더해 쓱쓱 비벼 먹는 메뉴랍니다. 시장에서는 당면을 멸치육수에 삶아 감칠맛을 더했는데, 집에서는 당면 삶는 물에 간장을 조금 넣어 그 맛을 재현했어요.

1_ 큰 볼에 당면을 넣고 찬물을 넉넉히 부어 30분간 불린다.

2_ 볼에 비빔장 재료를 섞는다.

3_ 냄비에 재료 데칠 물(5컵)을 끓인다.

4_ 당근, 단무지는 0.5cm 두께로 채 썬다. 어묵은 길이로 2등분한 후 0.5cm 두께로 채 썬다.

5_ 어묵을 체에 담아 ③의 끓는 물 (1컵만)을 끼얹어 살짝 익히면서 기름기를 제거한다.

6_ ③의 남은 끓는 물에 소금(1작은술)을 섞고 부추를 넣어 30초간 데친다. 찬물에 헹궈 물기를 꼭 짠 후 5cm 길이로 썬다.

7_ 당면 삶을 물(7컵)을 센 불에서 끓인다. 끓으면 양조간장(1큰술)을 섞은 후 당면을 넣어 2~3분간 삶는다. 체에 밭쳐 찬물에 헹군 후 물기를 뺀다.

8_ 그릇에 삶은 면을 담고 어묵, 부추, 당근, 단무지, 비빔장을 곁들인 후 통깨를 뿌린다.

5

6

더위를 싹 날려줄 시원한 물국수 - 1 -

오이 물국수

방송에도 여러 번 소개된 이북음식 맛집 '묘향만두'의
'오이소박이국수'를 간편한 가정식 레시피로 만들었어요.
시판 냉면육수를 활용해 국물을 만들고
푹 익힌 오이 소박이 대신 맛있게 양념한 오이 부추무침을 곁들였답니다.

2인분 / 40~45분

- 소면 2줌(200g)
- 시판 냉면육수 3컵(600㎖)
* 집에서 만든 쇠고기나 닭고기 육수를 써도 된다. (80쪽, 125쪽 참고)
- 오이 1개(200g)
- 부추 1/2줌(25g)
- 소금 1작은술(오이 절임용)

오이 부추 무침양념
- 생수 1큰술
- 고춧가루 2작은술
- 다진 마늘 1작은술
- 액젓(멸치 또는 까나리) 1작은술
- 매실청 1작은술
- 새우젓 1/2작은술

소면 비빔장
- 통깨 1/2큰술
- 식초 1큰술
- 매실청 2큰술
- 올리고당 1큰술
- 고추장 2큰술
- 다진 마늘 1작은술

● 이런 면도 어울려요!

메밀면   냉면

1

2

3

5

6

1 _ 오이는 길이로 2등분한 후 0.3cm 두께로 어슷 썬다.
  부추는 3cm 길이로 썬다.

2 _ 볼에 오이, 소금(1작은술)을 넣어 골고루 섞은 후 20분간 절인다.

3 _ 절인 오이는 체에 밭쳐 찬물에 살짝 헹군 후 물기를 꼭 짠다.

4 _ 소면 삶을 물(10컵)을 센 불에서 끓인다. 끓으면 소면을 삶는다.
  체에 밭쳐 찬물에 헹군 후 물기를 뺀다. (18쪽 참고)

5 _ 큰 볼에 오이 부추 무침양념의 재료를 섞은 후 오이, 부추를 넣고
  버무린다. 먹기 직전까지 냉장실에 넣어 차게 둔다.

6 _ 다른 큰 볼에 소면 비빔장의 재료를 섞은 후 삶은 면을 넣고 버무려
  그릇에 담는다. 오이 부추무침을 올린 후 시판 냉면육수를 붓는다.

더위를 싹 날려줄 시원한 물국수 - 2 -

초계 냉면

새콤한 식초와 든든한 닭고기로 사라진 입맛도 되살리고 기운도 북돋는 대표적인 여름철 보양국수가 바로 초계 냉면이지요.
이 냉면을 잘 하는 음식점은 워낙 많은데요. 그 중 60년 전통을 지닌 '원미면옥'이 특히 맛있다고 알려져 있어요.
닭을 푹 끓인 후 기름기를 싹 걷어내고 양념해야 국물 맛이 깔끔하고 개운하니 번거롭더라도 레시피대로 만드세요.

4인분 / 80~90분(+ 국물 차갑게 식히기 7시간)

- 냉면 4봉(600g)
- 삶은 닭고기살(닭육수 낸 것) 100g
- 달걀 1개
- 오이 1/4개(50g)
- 청주 2큰술(닭 데침용)
- 식용유 1/2큰술
- 고춧가루 약간
- 통깨 약간
- 식초 약간(기호에 따라 가감)
- 연겨자 약간(기호에 따라 가감)

닭육수용
- 닭볶음탕용 1팩(1kg)
- 마늘 10쪽
- 대파 20cm 2대
- 통후추 10알
- 물 12컵(2.4ℓ)

국물 양념
- 소금 2큰술
- 설탕 1큰술
- 식초 5큰술

＊ 무절임, 오이절임(88쪽 참고)을 곁들여도 좋다.

● 이런 면도 어울려요!

메밀면　소면

1 _ 냄비에 닭 데칠 물(10컵)을 붓고 끓어오르면
　　닭(육수용), 청주(2큰술)를 넣고 센 불에서 5분간 데친다.

2 _ 데친 닭을 체에 밭쳐 흐르는 물에 씻어 남은 불순물을 제거한다.

3 _ 냄비에 데친 닭, 닭육수용의 나머지 재료를 모두 넣고
　　센 불에서 끓어오르면 중약 불로 줄여 뚜껑을 덮고 50분간 끓인다.
　　체에 밭쳐 국물과 건더기를 분리한다.
　　＊ 최종 국물의 양은 10컵(2ℓ)이며 부족한 경우 물을 더한다.

4 _ 닭육수에 국물 양념의 소금, 설탕을 섞어 완전히 식힌 후
　　냉장실에 넣는다. 차게 식힌 후 위에 뜬 굳은 기름을 체로 건져 버린다.

5 _ 오이는 채 썬다. 볼에 달걀을 푼다.
　　닭은 한김 식힌 후 살만 발라내 먹기 좋게 찢는다.

6 _ 달군 팬에 식용유를 두르고 키친타월로 골고루 펴 바른다.
　　달걀물을 붓고 골고루 퍼지게 한 후 약한 불에서 1분 30초,
　　뒤집어 30초간 익힌다. 도마에 올려 한김 식힌 후 가늘게 채 썰어
　　지단채를 준비한다.

7 _ 냉면 삶을 물(7컵)을 센 불에서 끓인다. 끓으면 냉면을 가닥가닥
　　뜯어 넣고 40초간 삶는다. 체에 밭쳐 찬물에 헹군 후 물기를 뺀다.
　　(20쪽 참고)

8 _ 그릇에 삶은 면을 담고 먹기 직전 ③의 시원해진 국물에 식초를
　　섞은 후 붓는다. 삶은 닭고기, 오이채, 지단채를 올리고 고춧가루,
　　통깨를 뿌린다. ＊ 기호에 따라 식초, 연겨자를 곁들인다.

요즘 핫한 인기 국수 4총사 - 1 -

토마토 냉소바

다양한 토핑을 더해 시원하게 먹는 냉소바의 계절은 뭐니뭐니 해도 여름이지요. 여름 채소 중 가장 감칠맛이 뛰어난 토마토를 갈아 맛있게 양념해 소바에 자작하게 곁들였어요. 핫한 맛집 '미미면가', '오비야'의 인기 메뉴로, 무더위에 무뎌진 입맛을 되살리는데 참 좋답니다. 집에서는 시판 쯔유로 간단하게 만들 수 있지요.

2인분 / 25~35분
- 메밀면 2줌(200g)
- 토마토 3개(작은 것, 300g)
- 달걀 1개
- 대파 5cm
- 식용유 1/2큰술
- 소금 약간

토마토 양념
- 설탕 1작은술
- 양조간장 1작은술
- 소금 약간
- 후춧가루 약간

국물
- 차가운 생수 3컵(600㎖)
- 쯔유 3큰술
- 양조간장 1큰술
- 식초 1큰술

* 쯔유는 간장에 맛술, 청주, 설탕, 가쓰오부시 국물 등을 더한 일본식 맛간장으로 마트나 온라인몰에서 구입 가능하다.

● 이런 면도 어울려요!

소면   우동면   곤약면

1

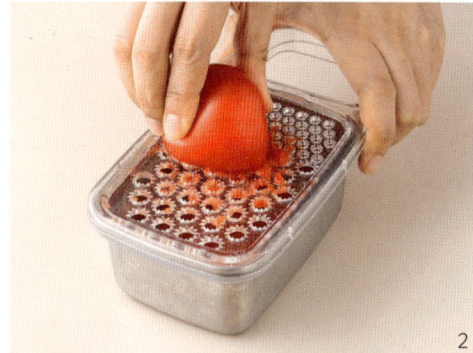
2

3

5

6

1 _ 국물 재료를 섞어 먹기 직전까지 냉장실에 넣어 차게 둔다.
  * 더 시원하게 즐기고 싶다면 국물을 냉동실에서 1시간 정도 얼린다.

2 _ 토마토(1개)는 강판에 갈아 토마토 양념과 섞은 후
  먹기 직전까지 냉장실에 넣어 차게 둔다.

3 _ 토마토(2개)는 모양대로 얇게 썬다. 대파는 얇게 채 썬다.
  볼에 달걀을 푼다.

4 _ 달군 팬에 식용유를 두르고 키친타월로 골고루 펴 바른다.
  달걀물을 붓고 골고루 퍼지게 한 후 약한 불에서 1분 30초,
  뒤집어 30초간 익힌다. 도마에 올려 한김 식힌 후 가늘게 채 썰어
  지단채를 준비한다.

5 _ 메밀면을 삶을 물(10컵)을 센 불에서 끓인다. 끓으면 메밀면을 넣고
  삶는다. 체에 밭쳐 찬물에 헹군 후 물기를 뺀다. (18쪽 참고)

6 _ 그릇에 삶은 면을 담고 ②의 토마토즙을 올린 후
  토마토 슬라이스를 돌려 담는다. 지단채, 대파채를 올리고
  ①의 국물을 붓는다. * 쯔유는 브랜드에 따라 염도가 다양한 편이다.
  따라서 사용하는 쯔유의 제품 포장지에 적힌 내용을 참고해
  싱겁다면 쯔유의 양을 늘리고, 짜다면 생수를 더하도록 한다.

요즘 핫한 인기 국수 4종사 - 2 -

바질 비빔소바

맛집 웨이팅 끝판왕 서울 압구정 '대막'의 바질소바. 똑같은 맛은 아니지만 홈메이드 바질 페스토를 만들 수만 있다면 비슷하게 만들 수 있지요. 바질이나 올리브의 향이 강하면 맛이 부담될 수 있으니 바질에는 데친 시금치를, 올리브유에는 포도씨유를 섞어 풍미를 은은하게 만드세요. 잣은 캐슈넛, 마카다미아, 아몬드 등으로 대체 가능하나 향이 강한 땅콩, 호두 등은 바질향과 부딪힐 수 있으니 넣지 마세요.

2인분 / 30~40분

- 중화면 2줌(300g)
- 다진 쇠고기 100g
- 송송 썬 쪽파 1컵
- 온천 달걀 2개
- 통깨 부순 것 1큰술
- 녹말물 3큰술
  (전분 1작은술 + 물 3큰술)
- 식용유 1큰술

쇠고기 밑간
- 맛술 1큰술
- 설탕 1/2큰술
- 양조간장 1작은술

바질 페스토
- 바질잎 10장(20g)
- 데친 시금치 30g
- 잣 2큰술(또는 캐슈넛, 마카다미아, 아몬드)
- 파마산 치즈가루 2큰술
- 올리고당 1큰술
- 올리브유 4큰술
- 포도씨유 4큰술
- 소금 1작은술
- 다진 마늘 1/2작은술
- 후춧가루 약간

✱ 믹서에 갈아지는 최소 분량이며 남으면 냉장실에서 7~10일까지 보관 가능하다.

✱ 시판 바질 페스토는 향이 강하니 1큰술을 넣어보고 맛본 후 기호에 따라 가감한다.

● 이런 면도 어울려요!

파스타   우동면   라면사리

1

2

3

4

1 __ 바질 페스토의 재료를 믹서에 넣고 곱게 간다.

2 __ 다진 쇠고기는 키친타월로 감싸 눌러서 핏물을 제거하고 밑간에 버무린다.

3 __ 달군 팬에 식용유를 두르고 쇠고기를 넣어 중간 불에서 3분간 주걱이나 숟가락 2개로 덩어리를 으깨가며 고슬하게 볶는다. 녹말물을 넣고 한 번 더 저어 큰 볼에 담는다. ✱ 녹말이 가라앉지 않게 넣기 전에 한 번 저어준다.

4 __ 중화면 삶을 물(10컵)을 센 불에서 끓인다. 끓으면 중화면을 넣어 5~6분간 삶는다. 체에 밭쳐 찬물에 헹군 후 젓가락으로 휘젓는다.
✱ 이렇게 하면 면의 표면이 거칠어져 양념이 잘 배고 찰기도 생긴다.

5 __ ③의 큰 볼에 삶은 면, 바질 페스토(2~3큰술)를 넣어 골고루 버무린 후 그릇에 담는다. 송송 썬 쪽파, 온천 달걀, 통깨 부순 것을 올린다.

● **온천 달걀, 실패 없이 만들기**

일본의 온천 여관 등에서 식탁에 올리는 경우가 많아 붙여진 이름.
'반숙 달걀'과 다르게 흰자는 부드럽게 익고, 노른자는 거의 익지 않은 상태이다.
밥이나 국수에 넣어 비벼 먹기 좋다.

만들기 끓는 물(4컵)에 찬물(1/2컵)을 섞는다. 실온에 둔 달걀(2개)을 넣고 뚜껑을 덮어 25~30분간 둔다. 체로 건져 얼음물에 20초간 넣었다가 뺀다.
이렇게 하면 흰자와 껍질 사이에 수분이 응결되어 흰자가 매끄러운 모양이 된다.

요즘 핫한 인기 국수 4종사 - 3 -

마제 소바

유명한 일본 나고야의 마제(비빔) 소바를 한국에서 만날 수 있게 해준 '멘야하나비'. 평균 1시간 이상 기다려야 먹을 수 있는 유명한 맛집이에요. 누구든 환호하는 맛의 비결은 조미 고등어가루. 집에서는 만들 수 없기 때문에 통조림 참치로 보슬보슬하게 소보로를 만들어 곁들이는 방법을 추천해요. 쯔유로 손쉽게 만든 들깨 맛간장, 현미식초로 만든 다시마식초는 마제 소바를 더욱 맛있게 해준답니다.

2인분 / 30~40분(+ 다시마식초 만들기 1시간)

- 중화면 2줌(300g)
- 다진 쇠고기 100g
- 다진 돼지고기 50g
- 김밥 김 1장
- 부추 1/2줌(25g)
- 대파 20cm
- 마늘 3쪽
- 달걀 노른자 2개분
- 크러시드 페퍼 1작은술
  (또는 고추씨)
- 식용유 2큰술

다시마식초(생략 가능)
- 현미식초 1/2컵(100ml)
- 다시마 5×5cm 4장
* 남은 다시마식초는 다시마를 건져내고 냉장고에서 1달 정도 보관이 가능하다. 일반 식초처럼 활용한다.

참치 소보로
- 통조림 참치 1캔(150g)
- 설탕 1작은술
- 쯔유(또는 양조간장) 1작은술
- 맛술 1작은술
- 멸치액젓 1/4작은술(생략 가능)
* 남은 참치 소보로는 주먹밥에 활용하기 좋다. 냉동실에서 1달 정도 보관이 가능하다.

들깨 맛간장
- 생수 1/2컵(100ml)
- 쯔유 3큰술
- 맛술 1큰술
- 들깻가루 3큰술
- 들기름 1큰술

● **이런 면도 어울려요!**

우동면   라면사리   생소면

1 _ 볼에 현미식초와 다시마를 넣고 1시간 동안 두어 다시마식초를 만든다.

2 _ 부추는 송송 썬다. 대파는 길이로 2등분한 후 송송 썰고 마늘은 곱게 다진다. 김밥 김은 1cm 길이로 잘라 겹쳐서 잡고 가위로 잘게 자른다.
* 생마늘은 맛 밸런스를 잡아주기 때문에 바로 다져 넣어야 한다. 다져 놓은 마늘을 쓰면 맛이 떨어진다.

3 _ 참치는 체에 밭쳐 기름기를 뺀다. 달군 팬에 넣고 중간 불에서 4분간 볶는다. 참치 소보로의 나머지 재료를 넣고 약한 불로 줄여 2분 30초간 수분을 완전히 날리며 볶는다. 한김 식혀 푸드 프로세서로 곱게 간다.

4 _ 볼에 들깨 맛간장의 재료를 섞는다.

5 _ 다진 쇠고기, 돼지고기는 키친타월에 감싸 눌러서 핏물을 제거한다. 달군 팬에 식용유를 두르고 고기를 넣어 중약 불에서 2분간 볶는다. 크러시드 페퍼, 들깨 맛간장(2큰술)을 넣고 약한 불에서 2~3분간 주걱이나 숟가락 2개로 으깨가며 고슬하게 볶는다.

6 _ 중화면 삶을 물(10컵)을 센 불에서 끓인다. 끓으면 중화면을 넣어 4~5분간 삶는다. 체에 밭쳐 찬물에 헹군 후 젓가락으로 휘젓는다.
* 이렇게 하면 면의 표면이 거칠어져 양념이 잘 배고 찰기도 생긴다.

7 _ 그릇에 삶은 면을 담고 들깨 맛간장을 뿌린 후 볶은 고기, 부추, 대파, 마늘, 참치 소보로(2큰술씩), 김, 달걀 노른자를 올린다. 골고루 비벼 30% 정도 먹은 후 다시마식초를 뿌려가며 먹는다.

요즘 핫한 인기 국수 4총사 - 4 -

탄탄 비빔면

탄탄면은 중국 사천지역의 매콤한 국수요리로 주로 국물국수로 먹는데요. 일본 히로시마에 있는 한 중식당이 고춧가루와 산초가루를 듬뿍 넣고 비벼 먹는 스타일을 선보이면서 인기를 끌기 시작했어요. 국내에서는 미슐랭 가이드에서 별을 받은 맛집 '금산제면소'를 비롯해 여러 맛집에서 만날 수 있어요. 집에서는 잘 삶은 생소면에 두반장, 땅콩버터, 흑초 등으로 만든 비빔장을 더해 만들면 돼요. 짜사이 무침, 고추기름, 산초가루 등을 더해 사천식으로 즐겨보세요.

2인분 / 30~40분

- 생소면 2줌(300g)
- 다진 돼지고기 200g
- 대파 흰 부분, 푸른 부분 각 10cm씩
- 설탕 1/2큰술
- 두반장 1작은술
- 짜사이 무침 약간
- 산초가루 약간(생략 가능)
- 고추기름 1큰술 + 3큰술
- *고추기름 만들기 118쪽
- 식용유 1큰술

비빔장
- 물 1/2컵(100mℓ)
- 설탕 2큰술
- 양조간장 1큰술
- 두반장 1큰술
- 땅콩버터(또는 지마장) 2큰술
- 흑초(또는 현미식초) 1작은술

통깨 소스
- 통깨 2큰술
- 설탕 1/2작은술
- 생수 1/2컵(100mℓ)

● 이런 면도 어울려요!

중화면 에그누들 라면사리

1

2

3

5

6

1 _ 대파 흰 부분과 푸른 부분은 최대한 가늘게 채 썰어 각각 찬물에 담가둔다.
다진 돼지고기는 키친타월로 감싸 눌러서 핏물을 제거한다.

2 _ 달군 팬에 식용유를 두르고 돼지고기, 설탕, 두반장, 고추기름(1큰술)을 넣어
중간 불에서 3분간 볶아 덜어둔다.

3 _ 팬을 닦고 비빔장 재료를 넣어 중간 불에서 끓어오르면 1분간 저어준다.
설탕이 다 녹으면 큰 볼에 덜어둔다.

4 _ 생소면 삶을 물(10컵)을 센 불에서 끓인다. 끓으면 생소면을 탈탈 털어 넣고
3~4분간 저어가며 삶는다. 체에 밭쳐 찬물에 헹군 후 물기를 뺀다. (19쪽 참고)

5 _ 통깨를 곱게 간 후 나머지 재료와 섞어 통깨 소스를 만든다.
대파 흰 부분, 푸른 부분은 체에 밭쳐 물기를 뺀다.

6 _ 삶은 면을 ③의 볼에 넣고 버무려 그릇에 담고 통깨소스, 고추기름(3큰술),
②의 돼지고기, 짜사이 무침, 대파, 산초가루를 곁들인다.

● 탄탄 비빔면에 곁들이는 조금 낯선 2가지 재료

짜사이
중식당에서 단무지처럼 나오는 '짜사이'는 '착채(搾菜)'라는 채소로 만든다.
가늘게 썬 착채, 양파를 설탕, 식초에 절인 후 고추기름과 참기름에 버무려
먹는다. 마트나 인터넷몰에서는 짜사이 무침과 절임을 모두 파는데, 절임을
샀다면 5배 이상의 물에 30분~1시간 정도 담가두어 짠기를 뺀 후
물기를 짜고 고추기름, 다진 마늘, 올리고당을 약간씩 넣어 무쳐 쓰면 된다.

지마장(芝麻醬, 깨장)
참깨를 갈아 걸쭉하게 만든 중국 소스. 훠궈소스나 탄탄면에 많이 쓰인다.
땅콩버터와 비슷한데 약간 씁쓸하고 더 고소하다. 땅콩버터로 대체해도 된다.

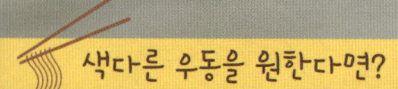 색다른 우동을 원한다면?

국물 냉우동 레시피 136쪽

TV 맛집 프로그램에 소개되어 더 유명해진 제주도 '수우동'의 대표 메뉴. 쫄깃한 우동면에 감칠맛 좋은 시원한 국물, 반숙 달걀 튀김, 어묵 튀김 등을 곁들여 먹지요. 집에서는 대파를 태우듯 구운 후 멸치, 가쓰오부시 등을 더해 국물을 내서 짙은 훈연의 풍미를 내세요. 일본식 튀김옷을 묻혀 바삭하게 튀긴 달걀과 어묵은 그냥 먹어도 맛있답니다.

쇠고기 카레우동 레시피 138쪽

카레우동은 이미 많은 분들이 즐기는 메뉴지요. 지금껏 만들었던 방법을 일본식 카레 맛집 '아비꼬'의 '비프 카레우동' 맛을 참고해 업그레이드해보세요. 양파는 충분히 볶아 본연의 단맛을 살리고, 카레는 진한 맛의 고형카레를 활용하면 돼요. 가쓰오부시 풍미가 가득한 쯔유(또는 직접 우린 가쓰오부시 국물)를 더하는 것도 포인트지요. 매콤한 맛을 추가하고 싶다면 텁텁한 고춧가루보다 깔끔한 맛의 다진 청양고추, 크러시드 페퍼, 페페론치노를 넣으세요.

국물 냉우동

3인분 / 50~60분
(+ 국물 차갑게 식히기 5시간)

- 우동면 3봉(570g)
- 쪽파 3줄기
- 무 100g(지름 10cm, 두께 1cm 크기)
- 레몬 슬라이스 3조각

튀김
- 달걀 3개
- 부들 어묵(긴 모양의 링 어묵) 2개
- 밀가루 약간
- 식용유 2컵(튀김용, 400㎖)

튀김옷
- 밀가루 1/2컵(박력분, 50g)
- 튀김가루 1/2컵(50g)
- 달걀 노른자 1개분
- 얼음 1/2컵
- 탄산수 1/2컵(100㎖)

국물
- 대파 20cm 5대
- 국물용 멸치 15마리
- 말린 표고버섯 3개
- 다시마 5×5cm 6장
- 가쓰오부시 4컵(20g)
- 양조간장 3큰술
- 물 10컵(2ℓ)

● **이런 면도 어울려요!**

소면　　　메밀면

1

2

3

4

5

6

● **국수 상식 _ '후루룩' 소리와 식사 예절에 대해**

라면 광고에서 모델이 '후루룩' 소리를 내며 먹는 모습을 보면 군침이 돈다. 하지만 국수를 소리 내며 먹는 건 한국 식사 예절에 어긋나는 행동. 반면 일본은 국수를 소리 내어 먹는 것이 요리한 사람에 대한 예의라고 생각한다. 면발을 빨아들이는 소리는 '맛있게 잘 먹고 있다'는 것을 의미하기 때문. 후루룩은 일본어로 '스스루(すする)'인데, 일본 국수집 이름에 유독 많이 쓰이는 단어다. 단, 일본에서도 면을 빨아올리는 소리는 괜찮지만, 입에 넣고 '쩝쩝' 소리를 내는 건 예절에 어긋나는 행동이다. 서양은 우리와 마찬가지로 후루룩 소리가 나지 않게 면을 끊어 먹는 것이 식사 예절이다. 그러나 최근에는 '먹방(음식을 먹는 방송)'의 영향과 국수를 흡입하듯 먹는 '면치기'가 유행하면서 후루룩 소리를 개의치 않는 분위기다.

국물 내기

1 ㅡ 달군 냄비에 대파를 넣어 중약 불에서 7~8분간 그을리듯 굽는다. 멸치를 넣고 2분간 함께 볶는다. 말린 표고버섯, 다시마, 양조간장, 물을 넣고 20분간 끓인 후 불을 끈다.

2 ㅡ 가쓰오부시를 넣고 5분간 우린 후 체에 밭쳐 국물과 건더기를 분리한다. 국물은 냉장실에 넣어 차갑게 식힌다.
* 최종 국물의 양은 7과 1/2컵(1.5ℓ)이며 부족한 경우 물을 더한다.

튀김 만들기

3 ㅡ 냄비에 달걀, 잠길 만큼의 물을 넣고 중간 불에서 7~8분간 반숙으로 익힌다. 찬물에 담가 한김 식힌 후 껍질을 벗긴다. 부들 어묵은 길이로 2등분한다.

4 ㅡ 볼에 달걀 노른자, 얼음을 넣고 탄산수를 부어 완전히 섞는다.

5 ㅡ 밀가루와 튀김가루를 함께 체에 쳐서 넣는다.

6 ㅡ 날가루가 듬성듬성 보이도록 대강 섞어 튀김옷을 만든다.

7 ㅡ 달걀, 어묵에 밀가루를 가볍게 묻힌다.

8 ㅡ 냄비에 식용유를 붓고 중강 불에서 180℃ 정도로 달군다. 달군 기름에 튀김옷을 한두 방울 떨어뜨렸을 때 냄비 중간까지 가라앉았다가 2초 후 바로 떠오르는 정도가 180℃ 이다.

9 ㅡ 달걀, 어묵에 튀김옷을 입혀 겉이 바삭해지도록 중간 불에서 1분~1분 30초간 튀긴 후 체에 밭쳐 털어 수분과 기름기를 뺀다.

10 ㅡ 남은 튀김옷 반죽을 손가락에 묻혀 기름에 튕기듯 넣어 튀김알갱이(덴가츠)를 만든다.

11 ㅡ 30초간 짧게 튀긴 후 체로 건져 탈탈 털어둔다.

완성하기

12 ㅡ 쪽파는 송송 썬다. 무는 강판에 갈아 손으로 즙을 짜고 건더기만 남겨 동그란 모양으로 만든다.

13 ㅡ 우동면 삶을 물(5컵)을 센 불에서 끓인다. 끓으면 우동면을 넣고 2분 30초~3분간 삶아 체에 밭쳐 찬물에 헹군 후 물기를 뺀다. (19쪽 참고)

14 ㅡ 그릇에 삶은 면을 담고 달걀튀김, 어묵튀김을 올린다. 차가워진 국물을 붓고 튀김알갱이, 무 간 것, 쪽파를 올린 후 레몬 슬라이스를 곁들인다.
* 먹을 때는 레몬을 짜서 다른 재료들과 섞어 먹는다. 어묵튀김은 국물에 찍어 먹는다. 반숙 달걀튀김은 국수를 반쯤 먹었을 때 노른자를 터뜨려 섞어 먹는다.

쇠고기 카레우동

2인분 / 35~40분

- 우동면 2봉(380g)
- 쇠고기 불고기용 200g
  (또는 닭다릿살 2쪽)
- 양파 1개(200g)
- 대파 20cm
- 유부 1장(생략 가능)
- 마늘 후레이크 약간(생략 가능)
- 고형카레 2조각
  (또는 카레가루 4큰술, 60g)
- 양조간장 1큰술
- 쯔유 1큰술(또는 국간장 1/2큰술)
- 물 4와 1/2컵(900㎖)
- 우유 1/2컵(100㎖)
- 버터 3큰술(또는 식용유 2큰술)

* 가쓰오부시 국물(69쪽 참고)을 직접 만들어 써도 된다. 이때는 물 대신 가쓰오부시 국물을 쓰고 쯔유는 생략한다.

쇠고기 밑간
- 맛술 2큰술
- 다진 마늘 2작은술
- 소금 약간
- 후춧가루 약간

● 이런 면도 어울려요!

칼국수면　라면사리

1

2

3

4

6

1 _ 양파는 가늘게 채 썰고 대파는 송송 썬다.
　　유부는 가늘게 채 썬다. 쇠고기는 키친타월로 감싸 눌러서 핏물을 제거한 후 한입 크기로 썰어 밑간에 버무린다.

2 _ 달군 냄비에 버터를 녹인 후 양파를 넣고
　　중약 불에서 10분간 충분히 볶는다.

3 _ 쇠고기를 넣어 3분간 볶는다.

4 _ 양조간장, 쯔유, 물, 우유를 넣고 센 불에서 끓어오르면
　　고형카레를 넣어 푼다. 중약 불로 줄여 10분간 저어가며 끓인다.

5 _ 우동면 삶을 물(5컵)을 센 불에서 끓인다. 끓으면 우동면을 넣고
　　2분 30초~3분간 삶아 체에 밭쳐 찬물에 헹군 후 물기를 뺀다.
　　(19쪽 참고)

6 _ 그릇에 삶은 면을 담고 ④를 붓는다.
　　유부, 마늘 후레이크, 대파를 올린다.

방송 보고 꽂힌 그 맛집 국수

들기름 막국수

만화 '식객', 방송 '수요미식회' 등에 소개된 '고기리 막국수'의 히든 메뉴를 가정식으로 만들었어요. 듬뿍 들어가는 들기름의 고소함, 김가루의 바삭함이 포인트예요. 찬 면수(면 삶은 물)를 함께 주는데 절반 정도 먹었을 때 부어 먹으면 들기름 향이 확 살아나 더 고소해지지요. 집에서는 면수를 바로 식힐 수 없으니 숭늉을 활용하세요.

2인분 / 30~35분(+ 국물 내기, 차갑게 식히기 1시간 20분)

- 메밀면 2줌(200g)
- 들기름 5큰술
- 들깻가루 1큰술
- 통깨 부순 것 약간
- 파래김(또는 다른 김) 2장

국물(숭늉)
- 시판 누룽지 1장(50g)
- 물 6컵(1.2ℓ)

비빔장
- 양조간장 1과 1/2큰술
- 생수 1큰술
- 물엿 1큰술
- 식초 1작은술

● 이런 면도 어울려요!

소면

곤약면

1 __ 국물 재료를 넣고 중간 불에서 20분간 끓인다. 체에 걸러 국물만 냉장실에 넣어 차갑게 식힌다.
  * 최종 국물의 양은 3컵(600㎖)이며 부족한 경우 물을 더한다.

2 __ 달군 팬에 파래김을 앞뒤로 뒤집어가며 센 불에서 1~2분간 바삭하게 굽는다. 한김 식힌 후 위생팩에 넣고 잘게 부순다. * 부순 김이 눅눅해지지 않도록 주의한다.

3 __ 메밀면을 삶을 물(10컵)을 센 불에서 끓인다. 끓으면 메밀면을 넣고 삶는다. 체에 밭쳐 찬물에 헹군 후 물기를 뺀다. (18쪽 참고)

4 __ 큰 볼에 비빔장 재료를 섞은 후 삶은 면을 넣어 버무린다.

5 __ 그릇에 ④를 담고 들기름, 들깻가루, 통깨 부순 것, 파래김 부순 것을 올린다. 절반 정도 섞지 않고 그대로 먹은 후 ①의 국물을 부어 잘 섞어가며 먹는다.

맛집 국수

이국적인 국수, 집에서 즐기기

태국식 쇠고기 쌀국수 레시피142쪽

서울 홍대 근처에 소문난 태국식 맛집 '소이연남'의 쇠고기 쌀국수는 부드러운 아롱사태와 향신료 풍미의 국물이 특징이에요. 태국은 중국, 인도, 유럽 음식문화의 영향을 골고루 받아 다양한 향신료와 양념을 활용해요. 그래서 맑은 국물의 베트남 쌀국수와 달리 색도 맛도 진하답니다. 태국 쌀국수에는 남플라(생선 젓갈), 까피(새우 페이스트), 고수, 라임, 코코넛 밀크 등이 들어가지요. 집에서 똑같이 만들기는 어렵지만, 몇 가지 핵심 재료만 구비하면 비슷하게 맛을 낼 수 있어요.

마라국수 레시피 143쪽

입안을 얼얼하게 할 만큼 매콤한 사천식 향신료를
'마라'라고 하는데요. 집에서 만들 때는 시판 사골국물과
마라소스를 활용해 만들 수 있어요. 마라소스가 대부분
용량이 커서 남기 쉬운데, 마트에서 판매하는
'이금기 훠궈 마라탕소스'는 소포장이라 쓰기 좋아요.
매운맛 마니아라면 산초가루도 추가하세요.

미고랭 레시피 144쪽

동남아 음식점에서 만날 수 있는
대표 국수. 인도네시아어로
'미'는 국수, '고랭'은 볶음을 의미해요.
면은 달걀을 넣어 만든 에그누들을
활용했고 인도네시아 소스들 대신
굴소스, 액젓 등을 활용했어요.
마지막에 라임즙을 뿌려주면
이국적인 풍미가 확 살아난답니다.

태국식 쇠고기 쌀국수

2인분 / 80~90분

- 쌀국수면 2줌(200g)
- 숙주 1줌(50g)
- 송송 썬 쪽파 2큰술
- 마늘 3쪽
- 시판 쌀국수소스 1/2컵(100㎖)
- 피쉬소스 1큰술(생략 가능)
- 식용유 3큰술
- 고수 약간(생략 가능)

육수
- 쇠고기 아롱사태 200g (또는 일반 사태)
- 양파 1/2개(100g)
- 대파 20cm
- 통후추 10~12알
- 월계수잎 3~4장
- 팔각 2개(생략 가능)
- 시나몬 스틱 1개(생략 가능)
- 물 12컵(2.4ℓ)

* 쌀국수소스나 피쉬소스 중 하나만 있다면 양을 늘려 간을 맞춘다. 단, 피쉬소스만 쓸 경우 특유의 향신료 풍미가 약해진다.

● **이런 면도 어울려요!**

소면   메밀면

1 _ 육수를 낼 아롱사태의 바깥에 있는 은색의 근막을 제거한다.

2 _ 큰 냄비에 육수 재료를 넣고 센 불에서 끓어오르면 뚜껑을 덮고 중약 불에서 1시간 동안 익힌다.

3 _ 쌀국수면은 물에 담가 30분간 불린 후 덜어둔다.

4 _ 마늘은 편 썬다. 달군 팬에 식용유를 두르고 마늘편을 약한 불에서 2~3분간 뒤집어가며 구운 후 키친타월 위에 올려 기름기를 뺀다.

5 _ 육수를 체에 밭쳐 국물과 건더기를 분리하고 아롱사태는 한김 식혀 한입 크기로 썬다.

* 최종 국물의 양은 8컵(1.6ℓ)이며 부족한 경우 물을 더한다.

6 _ 육수에 쌀국수소스, 피쉬소스를 넣고 센 불에서 끓인다.

7 _ 끓어오르면 쌀국수를 넣고 30초간 끓인다. 부족한 간은 쌀국수소스로 맞춘다. 그릇에 담고 숙주, 쪽파, 구운 마늘, 고수를 곁들인다.

● **오리지널 맛을 더 살리려면?**

베트남 쌀국수에 비해 태국 쌀국수는 향신료 맛이 강한 것이 특징. 오리지널 맛을 더 살리고 싶다면, 육수 낼 때 정향 5개, 코리앤더씨드 1작은술, 큐민씨드 1/2작은술, 펜넬씨드 1/2작은술을 더해 끓인다.

정향   코리앤더씨드   큐민씨드   펜넬씨드

마라국수

2인분 / 20~30분

- 에그누들 4개(180g)
- 차돌박이(또는 쇠고기 샤브샤브용) 150g
- 모둠 버섯 80g
  (표고, 느타리, 팽이, 목이 중 선택)
- 청경채 2개(80g)
- 숙주 1줌(50g)
- 삶은 메추리알 6개(60g)
- 이금기 훠궈 마라탕소스 1/2팩
  (35g, 또는 시판 마라소스 3큰술)
- 물 5컵(1ℓ)
- 시판 사골국물 2와 1/2컵(500㎖)

* 사골국물의 염도(무염, 가염)에 따라 소금의 양을 조절한다.

● 이런 면도 어울려요!

생소면   중화면

1

2

3

1 _ 모둠 버섯은 먹기 좋은 크기로 자른다.
청경채는 길이로 2등분한다.

2 _ 냄비에 물(5컵), 시판 사골국물, 이금기 훠궈 마라탕소스를 넣고
센 불에서 끓인다.

3 _ 끓어오르면 차돌박이, 모둠 버섯, 삶은 메추리알을 넣고
중간 불에서 4분간 끓인다.

4 _ 에그누들 삶을 물(5컵)을 센 불에서 끓인다. 끓으면 에그누들을 넣고
2분간 삶는다. 체에 밭쳐 찬물에 헹군 후 물기를 뺀다. (18쪽 참고)

5 _ 기호에 따라 마라탕 소스를 추가해 매운맛을 조절한 후
청경채, 숙주를 넣고 불을 끈다. 그릇에 삶은 면을 담고
마라탕 국물을 붓는다.

● 마라국수에 어울리는 다양한 부재료들 _____

버섯 표고, 팽이, 느타리, 목이
채소 숙주, 청경채, 배추, 쑥갓, 연근, 감자, 고수
해물 새우, 오징어, 주꾸미
육류 쇠고기, 양고기, 곱창, 선지
가공식품 피쉬볼(또는 어묵), 유부, 냉동만두, 통조림 햄

4

5

미고랭

2인분 / 25~35분

- 에그누들 3개(135g)
- 달걀 2개
- 게맛살 짧은 것 4개
- 숙주 2줌(100g)
- 양파 1/2개(100g)
- 쪽파 4줄기
- 대파 10cm
- 다진 마늘 1큰술
- 다진 생강 1/3작은술(생략 가능)
- 크러시드 페퍼 1/2작은술
  (기호에 따라 가감)
- 소금 약간
- 통후추 간 것 약간
- 라임즙 약간(또는 레몬즙)
- 핫소스 1큰술(생략 가능)
- 식용유 1큰술 + 2큰술

양념

- 설탕 1큰술
- 양조간장 1큰술
- 맛술 1큰술
- 굴소스 2큰술
- 스리랏차 소스 2큰술
- 액젓(멸치나 까나리) 1/2큰술

*스리랏차 소스가 없다면 핫소스로 대체하되 풍미의 차이가 있으니 마지막에 맛을 보며 더한다.

● 이런 면도 어울려요!

쌀국수면 파스타 라면사리

1

2

4

5

6

1 __ 볼에 양념 재료를 섞는다. 다른 볼에 달걀을 푼다.
   게맛살은 결대로 굵게 찢는다. 양파는 0.5cm 두께로 채 썰고,
   쪽파는 5cm 길이로 썬다. 대파는 송송 썬다.

2 __ 깊은 팬을 달궈 식용유(1큰술)를 두르고 달걀물을 넣어
   중간 불에서 1분간 저어가며 익힌 후 덜어둔다.

3 __ 에그누들 삶을 물(5컵)을 센 불에서 끓인다. 끓으면 에그누들을 넣고
   1분간(포장지 적힌 시간에서 1분 빼기) 삶는다.
   체에 밭쳐 찬물에 헹군 후 물기를 뺀다. (18쪽 참고)

4 __ ②의 팬을 닦고 다시 달궈 식용유(2큰술)를 두르고 양파, 대파, 다진 마늘,
   다진 생강, 크러시드 페퍼를 넣어 중간 불에서 2분간 볶는다.

5 __ 숙주, 게맛살, 소금, 통후추 간 것을 넣고 센 불로 올려 30초간 볶는다.

6 __ 삶은 면, ②의 달걀, 쪽파, 양념을 넣어 1분간 볶은 후
   그릇에 담고 라임즙, 핫소스를 뿌린다.

사골국물로 맛을 낸 구수한 지역 국수

제주도 고기국수

돼지뼈를 푹 고아낸 뽀얀 사골국물에 면을 말고
수육을 올려주는 제주 향토음식이에요. 집에서는
시판 사골국물에 돼지고기 덩어리를 넣어 푹 끓이면
비슷한 맛을 낼 수 있지요. 새우젓 양념장을 곁들이면
고기 냄새 없이 시원하면서도 칼칼한 맛을 즐길 수 있어요.

안동국시 레시피 150쪽

이전 대통령의 단골 국수집으로도 알려져 있는
'소호정'의 안동국시. 밀가루와 콩가루를 섞은
부드러운 면발, 시원하고 깔끔한 국물,
부추무침과 깻잎절임의 환상적인 조합이 특징이에요.
시판 사골국물에 쇠고기 양지육수를 더해
국물을 만들고, 잘 삶은 생소면을 곁들여 만들어보세요.
전자레인지로 손쉽게 만드는 깻잎절임 레시피도
소개했으니 활용하세요.

제주도 고기국수

2인분 / 50~60분

- 생소면 2줌(300g)
- 돼지고기 앞다리살(또는 뒷다리살, 수육용 삼겹살) 200g
- 대파 20cm
- 당근 1/4개(50g, 생략 가능)
- 소금 1/4작은술(당근 절임용)
- 물 1큰술(당근 볶음용)

국물
- 대파 20cm 2대
- 양파 1/4개(50g)
- 마늘 5쪽
- 통후추 10알
- 소금 1작은술(기호에 따라 가감)
- 시판 사골국물 9컵(1.8ℓ)

* 사골국물의 염도(무염, 가염)에 따라 소금의 양을 조절한다.

양념장
- 고춧가루 2큰술
- 다진 마늘 1큰술
- 청주 1큰술
- 새우젓 국물 1작은술
- 국간장 1작은술
- 후춧가루 약간

● **이런 면도 어울려요!**

칼국수면   메밀면

1

2

3

4

6

1 __ 냄비에 돼지고기, 국물 재료를 넣고 센 불에서 끓어오르면 약한 불로 줄여 30분간 끓인다. 체에 밭쳐 국물과 건더기를 분리한다.
* 최종 국물의 양은 6컵(1.2ℓ)이며 부족한 경우 물을 더한다.

2 __ 대파는 송송 썬다. 당근은 0.3cm 두께로 가늘게 채 썬 후 볼에 담고 소금(1/4작은술)을 섞어 5분간 절인다.

3 __ ①의 돼지고기는 건져 한김 식힌 후 0.5cm 두께로 썬다.

4 __ 달군 팬에 당근과 물(1큰술)을 넣고 중간 불에서 1분간 볶은 후 그릇에 덜어둔다.

5 __ 생소면 삶을 물(10컵)을 센 불에서 끓인다. 끓으면 생소면을 탈탈 털어 넣고 3~4분간 저어가며 삶는다. 체에 밭쳐 찬물에 헹군 후 물기를 뺀다. (19쪽 참고)

6 __ 작은 볼에 ①의 국물 2큰술과 양념장 재료를 섞는다.

7 __ 그릇에 삶은 면을 담고 뜨겁게 끓인 국물을 붓는다. 돼지고기, 대파, 당근을 올린 후 양념장을 곁들인다.

안동국시

2인분 / 50~60분
- 생소면 2줌(300g)
- 대파 20cm
- 시판 사골국물 2와 1/2컵(500㎖)
- 소금 약간
* 사골국물의 염도(무염, 가염)에 따라 소금의 양을 조절한다.

쇠고기 육수
- 쇠고기 양지 150g
- 대파 20cm 1대
- 생강(마늘 크기) 1톨
- 물 8컵(1.6ℓ)

● 이런 면도 어울려요!

메밀면

칼국수면

1 _ 쇠고기 양지는 찬물에 30분간 담가 핏물을 뺀다.
　　* 중간중간 물을 갈아주면 좋다.

2 _ 냄비에 육수 재료를 넣고 중간 불에서 끓어오르면 중약 불로 줄여 뚜껑을 덮고 30분간 끓인다.

3 _ 체에 젖은 면보를 올리고 밭쳐 국물과 건더기를 분리한다.
　　* 최종 국물의 양은 5컵(1ℓ)이며 부족한 경우 물을 더한다.
　　* 면보를 사용해야 깔끔한 국물이 완성된다.

4 _ 대파는 길이로 2등분해 송송 썬다. 고기는 한김 식힌 후 사방 1cm 크기로 썬다.

5 _ 냄비에 ③의 육수, 시판 사골국물을 넣고 센 불에서 끓어오르면 소금으로 간을 맞춘다.

6 _ 생소면 삶을 물(10컵)을 센 불에서 끓인다. 끓으면 생소면을 탈탈 털어 넣고 3~4분간 저어가며 삶는다. 체에 밭쳐 찬물에 헹군 후 물기를 뺀다. (19쪽 참고)

7 _ 그릇에 삶은 면을 담고 뜨겁게 끓인 국물을 붓는다. 고기와 대파를 올린다.
　　* 기호에 따라 송송 썬 청양고추, 고춧가루, 후춧가루 등을 곁들인다.

● 안동국시와 환상 궁합, 깻잎절임. 전자레인지로 간편하게 만들기

3회분 / 10분 내외(+ 절이기 6시간) / 냉장 1주일 보관

재료 깻잎 30장(60g)
양념 고춧가루 1/2큰술, 다진 파 3큰술, 양조간장 1과 1/2큰술, 매실청 1큰술(또는 설탕 1/2큰술), 액젓(멸치 또는 까나리) 1/2큰술, 생수 4큰술, 다진 마늘 1작은술, 참기름 1작은술

1_ 볼에 양념 재료를 섞는다.

2_ 내열용기에 깻잎 3장 → 양념장 1/2큰술 순으로 켜켜이 쌓아가며 담는다.
　　 이때 깻잎 꼭지가 엇갈리도록 담는다.
　　 ＊ 깻잎은 얇기 때문에 3장씩 겹치게 놓고 양념을 발라야 짜지 않다.

3_ 뚜껑이나 접시로 덮어 전자레인지에서 1분간 돌린다.
　　 한김 식힌 후 냉장고에 넣어 6시간 동안 절인다.

4_ 절이는 중간중간 깻잎을 통째로 뒤집어 다시 담아서 양념이 골고루 배게 한다.

오리지널 맛을 찾아서! 국수 맛집 20곳

가정식으로 변신한 맛집 국수들의 오리지널 모습을 공개합니다.
여기 소개한 20곳의 맛집은 면덕후 독자 기획단의 제보와 내부 조사를 통해 선정했습니다.
사진과 리뷰는 인스타그램에 올라온 내용 중 그 맛집을 잘 표현한 것을 골랐습니다.

명동교자의 칼국수 110쪽
"불맛과 약간의 짜장면 풍미가 나요. 국수에 만두 4개가 올라가는데 이게 진짜 맛있어요. 마늘김치와 함께 먹으면 환상의 궁합입니다." @minos._.kitchen

부산 깡통시장의 비빔당면 121쪽
"제 입에는 살짝 싱거웠지만 맛있어요. 간장 조금, 소금 조금 넣어서 버무려 먹으면 완벽할 것 같아요." @si_yeon_p

전주 베테랑의 칼국수 111쪽
"국물에 달걀 노른자를 풀어서 약간 걸쭉한 맛이 특징이에요. 사이드로 주문한 만두까지 완벽하게 클리어!" @mani._.ee

묘향만두의 오이소박이국수 122쪽
"오이가 한 개 반 이상 들어있는 것 같아요. 무김치도 통으로 들어있고 먹는데 계속 나와요. 인심 한 번 끝내주죠." @sweetdoeun

신인류면가의 불닭칼 116쪽
"불닭볶음면이랑 맛이 비슷해요. 그런데 인위적인 매운맛이 적고 칼국수면이라서 새롭습니다." @kylee8016

원미면옥의 냉면 124쪽
"마늘 장아찌 국물과 닭고기 육수를 섞은 듯한 시원한 맛에 자꾸 먹게 돼요. 제가 아는 냉면집 중 가장 양이 많습니다. 오래 사랑 받는 집은 이유가 있어요." @unclejam_

영일분식의 칼비빔국수 116쪽
"비빔국수와 흡사하지만 감칠맛이 더 강하게 나요. 쫄깃한 면발과 질리지 않는 양념이 두고두고 생각납니다." @nus_yummy

오비야의 토마토소바 126쪽
"새콤 짭조름하니 여름 별미로 딱이에요. 올 여름이 가기 전에 한 번 더 먹고 싶다아~" @amour_heevely

문배동 육칼의 육칼 117쪽
"걸쭉하고 칼칼한 국물에 고기, 대파, 고사리 등 건더기가 푸짐하게 들어있어요. 면은 한 번 토렴해서 나오는데 면만 먹어보면 맛집 포스가 느껴져요." @rec_meal

대막의 바질소바 128쪽
"2인 세트를 주문하면 후토마끼 반이랑 바질소바 두 개가 나와요. 초록초록 바질소바는 면킬러에게 완전 사랑받을 메뉴예요." @ellinasoeun

♥ 사진과 리뷰를
제공해주신 20분에게
깊이 감사드립니다.

멘야하나비의 나고야 마제소바 130쪽
"감칠맛 나는 다시마식초를 넣고 마늘 추가한 소스와 탱탱한 면을 비벼 먹으면 정말 꿀맛! 공기밥에 죽순을 추가해 깍두기와 같이 먹는 건 꿀팁이에요." @soju_anju_

소이연남의 쇠고기국수 140쪽
"태국 길거리 식당에서 먹었던 태국 쌀국수 맛. 요즘은 웨이팅도 예전만큼 심하지 않아서 너무 좋아요." @jmtgr_yy

금산제면소의 탄탄멘 132쪽
"국물이 거의 없이 비벼 먹는 스타일인데 소스와 면의 조화가 굿. 흑식초와 고추기름을 추가하면 풍미가 훨씬 살아나요." @food._.tacu

홍리마라탕의 새우마라탕 141쪽
"쌀국수면이 쫄깃쫄깃하고, 양도 푸짐하고 국물이 시원해요. 깔끔한 맛의 마라탕입니다. 면은 옥수수면, 생면, 쌀국수면 중에서 고를 수 있어요." @hhhhhonghong

제주 수우동의 자작냉우동 134쪽
"국물이 시원하고 우동 면발이 쫄깃쫄깃 맛있어요. 창가로 보이는 배경이 예뻐서 재방문하고 싶은 곳이에요." @kimhonee

발리문의 미고랭 141쪽
"웨이팅은 살인적이었지만 인생 맛집으로 등극! 잊고 있었던 '대존엄존맛'을 드디어 찾았어요." @jei_nee

아비꼬의 비프카레우동 135쪽
"날달걀을 추가하면 맛이 좀더 풍부해지고 부드러워요. 못 먹어서 진심으로 현기증 났는데 하~ 만족스러워요!" @jieoni_

제주 올레국수의 고기국수 146쪽
"국물이 감칠맛 나고 고기도 부드러워요. 겉절이 김치에 싸서 한 입에 먹으면 정말 맛있어요. 제주도에서 먹은 음식 중 최고라고 생각해요." @eatingminnie

고기리막국수의 들기름막국수 139쪽
"메밀면인데 어쩜 이렇게 부드러운지! 메밀면의 쌉싸래함과 들기름의 고소한 향, 여기에 김가루까지 더해져서 완전 고소함 대잔치예요." @boa._.aob

소호정의 국시 146쪽
"깻잎이 완전 제 스타일이에요. 굉장히 맛있어요! 국수를 깻잎에 싸 먹으면 진짜 최고예요." @marozzang_dailylife

부록 _____ 151

Index _ 원하는 국수 빨리 찾기

ㄱㄴㄷ별

ㄱ
가쓰오우동	68
간장 비빔면	40
고추장 비빔면	46
골뱅이 콩나물 비빔면	47
국물 냉우동	134
김치 감자 닭칼국수	62
김치 비빔 칼국수	116
김치 비빔면	47
김치말이국수	50
깨간장 토마토비빔면	42
꽃새우우동	71

ㄴ
나가사키 짬뽕	102

ㄷ
달걀 어묵국수	33
닭고기 버섯카레 야끼우동	76
닭무침 쟁반막국수	90
닭칼국수	60
두부 김치말이국수	51
두부국수	33
들기름 막국수	139
땅콩 두부국수	96

ㅁ
마라국수	141
마제 소바	130
막국수	90
매콤 상하이 야끼우동	74
매콤한 물냉면	79
물냉면	78
물비빔 막국수	90
미고랭	141
미역 바지락 칼국수	58

ㅂ
바지락 칼국수	54
바질 비빔소바	128
부산 비빔당면	121
불닭 칼비빔	116
비빔냉면	84

ㅅ
사천식 해물 간짜장	98
서울식 만두 칼국수	110
쇠고기 카레우동	135
숙주 닭다리칼국수	64

ㅇ
안동국시	146
양배추 비빔면	43
열무김치말이국수	51
오이 물국수	122
온면	82
육개장 칼국수	117

ㅈ
잔치국수	32
잣 콩국수	93
전주식 들깨 달걀 칼국수	111
제주도 고기국수	146
중화풍 냉면	79
짜장면	98
짬뽕	102

ㅊ
참나물 차돌국수	45
참외 비빔면	44
초계 냉면	124

ㅋ
콩국수	92

ㅌ
탄탄 비빔면	132
태국식 쇠고기 쌀국수	140
토마토 냉소바	126

ㅍ
팥칼국수	97

ㅎ
해물 야끼우동	72
황태무침 냉면	85
회냉면	85
흑임자 검은콩국수	93

면종류별

소면
간장 비빔면	40
고추장 비빔면	46
골뱅이 콩나물 비빔면	47
김치 비빔면	47
김치말이국수	50
깨간장 토마토비빔면	42
달걀 어묵국수	33
두부 김치말이국수	51
두부국수	33
양배추 비빔면	43
열무김치말이국수	51
오이 물국수	122
잔치국수	32
참나물 차돌국수	45
참외 비빔면	44

생소면
땅콩 두부국수	96
안동국시	146
잣 콩국수	93
제주도 고기국수	146
콩국수	92
탄탄 비빔면	132
흑임자 검은콩국수	93

생칼국수면
김치 감자 닭칼국수	62
김치 비빔 칼국수	116
닭칼국수	60
미역 바지락 칼국수	58
바지락 칼국수	54
불닭 칼비빔	116
서울식 만두 칼국수	110
숙주 닭다리칼국수	64
육개장 칼국수	117
전주식 들깨 달걀 칼국수	111
팥칼국수	97

메밀면
닭무침 쟁반막국수	90
들기름 막국수	139
막국수	90
물비빔 막국수	90
토마토 냉소바	126

우동면
가쓰오우동	68
국물 냉우동	134
꽃새우우동	71
닭고기 버섯카레 야끼우동	76
매콤 상하이 야끼우동	74
쇠고기 카레우동	135
해물 야끼우동	72

냉면
매콤한 물냉면	79
물냉면	78
비빔냉면	84
온면	82
중화풍 냉면	79
초계 냉면	124
황태무침 냉면	85
회냉면	85

중화면
나가사키 짬뽕	102
마제 소바	130
바질 비빔소바	128
사천식 해물 간짜장	98
짜장면	98
짬뽕	102

에그누들
마라국수	141
미고랭	141

쌀국수
태국식 쇠고기 쌀국수	140

당면
부산 비빔당면	121

조리법별

* 각 레시피마다 어울리는 다른 면들도 추천했으니 다양하게 활용하세요.

시원하게 먹는 국물국수

국물 냉우동	134
김치말이국수	50
두부 김치말이국수	51
땅콩 두부국수	96
매콤한 물냉면	79
물냉면	78
열무김치말이국수	51
오이 물국수	122
잣 콩국수	93
중화풍 냉면	79
초계 냉면	124
콩국수	92
토마토 냉소바	126
흑임자 검은콩국수	93

따뜻하게 먹는 국물국수

가쓰오우동	68
김치 감자 닭칼국수	62
꽃새우우동	71
나가사키 짬뽕	102
달걀 어묵국수	33
닭칼국수	60
두부국수	33
마라국수	141
미역 바지락 칼국수	58
바지락 칼국수	54
서울식 만두 칼국수	110
쇠고기 카레우동	135
숙주 닭다리칼국수	64
안동국시	146
온면	82
육개장 칼국수	117
잔치국수	32
전주식 들깨 달걀 칼국수	111
제주도 고기국수	146
짬뽕	102
태국식 쇠고기 쌀국수	140
팥칼국수	97

비빔국수

간장 비빔면	40
고추장 비빔면	46
골뱅이 콩나물 비빔국수	47
김치 비빔 칼국수	116
김치 비빔면	47
깨간장 토마토비빔면	42
닭무침 쟁반막국수	90
들기름 막국수	139
마제 소바	130
막국수	90
물비빔 막국수	90
바질 비빔소바	128
부산 비빔당면	121
불닭 칼비빔	116
비빔냉면	84
사천식 해물 간짜장	98
양배추 비빔면	43
짜장면	98
참나물 차돌국수	45
참외 비빔면	44
탄탄 비빔면	132
황태무침 냉면	85
회냉면	85

* 불닭 칼비빔, 사천식 해물 간짜장, 짜장면은 따뜻하게 먹어야 맛있다.

볶음국수

닭고기 버섯카레 야끼우동	76
매콤 상하이 야끼우동	74
미고랭	141
해물 야끼우동	72

153

메뉴를 개발하고 소장가치 높은 요리책을 만듭니다 **레시피팩토리**

홈페이지 www.recipe-factory.co.kr 애독자 카페 cafe.naver.com/superecipe 카카오스토리 · 페이스북 레시피팩토리everyday
인스타그램 @recipefactory 네이버포스트 레시피팩토리 네이버TV · 유튜브 레시피팩토리TV

구입 및 문의 1544-7051, 온 · 오프라인 서점

사계절의 흐름을 느낄 수 있는 요리책

싱그러운 계절의 맛
〈제철 재료를 가득 담은
사계절 베이킹〉

SNS 인기 홈카페 음료의
비밀 노하우가 가득한
〈나만의 시크릿 홈카페〉

실패 걱정 없는
홈메이드 저장식
〈병 속에 담긴 사계절〉

'한 그릇 요리'를 좋아한다면 놓치지 말아야할 요리책

어렵게 느껴지는 이탈리아 파스타가 아닌
집에서 즐길 수 있는
〈소박한 파스타〉

따뜻한 밥 위에
작은 정성을 올려 만든
〈소박한 덮밥〉

스타일리시한 샌드위치, 브런치, 음료까지
〈샌드위치가 필요한 모든 순간
나만의 브런치가 완성되는 순간〉

#스테디셀러 #국민요리책 '진짜 시리즈'

친정엄마 밥상에서 독립한
요리 왕초보들을 위한 책
〈진짜 기본 요리책〉 완전 개정판

베이킹이 처음이라면?
진짜 쉽~고, 맛있고, 자세한 기본 레시피
〈진짜 기본 베이킹책〉

여행지, 맛집, TV에서 만나 본
다른 나라 요리를 이제 집에서!
〈진짜 기본 세계 요리책〉

Sponsor Brand

요리가 쉬워진다, 맛있어진다, 즐거워진다!

한알로 요리 끝!
자연 한알
동결건조 자연조미료
90g (30알)

* 이 책에 소개된 다양한 국물국수는 자연한알로도 맛을 낼 수 있습니다.

SEOUL FOOD AWARDS 2019

About 동결건조 자연조미료, 자연한알

영하 40도 이하에서 급속 건조하는 최첨단 기법으로 만들어 재료의 맛, 향, 영양까지 그대로 살아있어요.

멸치, 바지락, 다시마, 북어, 가다랭이포, 참치, 양파, 마늘, 대파, 우엉, 연근, 무, 표고, 생강, 양배추, 대두 등 16가지 자연재료가 들어있어요.

국물요리는 물론 조림, 찜, 김치 등 다양한 요리에 활용하는 No MSG 자연조미료랍니다.

제조원 | 트루나스 충북 충주시 충주산단6로 32(trunas.co.kr) ☎ 043-845-0153
* 홈쇼핑, 온라인 종합몰 등에서 구입할 수 있습니다.

레시피 팩토리
수퍼레시피 라이브러리

Preview

일상의 재료를 더 맛있게 보관하다
마리네이드

"피클, 절임, 페스토까지,
재료가 가장 신선할 때
맛있게 만들어요~"

9월 3주차
출간 예정

- ☑ 재료에 맛을 더하거나 부드럽게 하기 위해 재워두는 '마리네이드'
- ☑ 가까이에서 구하기 쉬운 일상의 재료를 활용
- ☑ 채소, 과일, 해산물, 치즈 등 다양한 맛이 가득
- ☑ 마리네이드 그대로, 거기에 마리네이드 활용 레시피까지 소개

문의 1544-7051 / www.recipe-factory.co.kr

오늘부터 우리 집은 국수 맛집

1판 1쇄 펴낸 날	2019년 7월 3일
1판 2쇄 펴낸 날	2019년 8월 22일

편집주간	박성주
기획 편집	이소민·한혜인·이상미(프리랜서)
메뉴 개발	배정은·송영은·석슬기
디자인	원유경
사진	이성근
스타일링	고아라
영업·마케팅	염금미·송지윤·김은하

고문	조준일
펴낸이	박성주

펴낸곳	(주)레시피팩토리
주소	서울특별시 송파구 올림픽로 35가길 10(잠실더샵스타파크) B동 409호
독자센터	1544-7051
팩스	02-534-7019
홈페이지	www.recipe-factory.co.kr
애독자 카페	cafe.naver.com/superecipe
출판신고	2009년 1월 28일 제25100-2009-000038호

제작·인쇄	(주)대한프린테크

값 13,800원

ISBN 979-11-85473-51-2

Copyright ⓒ 레시피팩토리
이 책의 레시피, 사진 등 모든 저작권은 (주)레시피팩토리에 있는 저작물이므로
이 책에 실린 글, 레시피, 사진의 무단 전재와 무단 복제를 금합니다.

*인쇄 및 제본에 이상이 있는 책은 구입하신 서점에서 교환해 드립니다.

면덕후 독자 기획단

강우경	김대업	김수정
김아람	백나영	서지은
오은혜	원종진	유은혜
윤홍경	이선영	이연숙
장선혜	장한나	차은영
최미영	홍원경	